Mareike Sölch

Total behindert
Menschen mit Behinderung in der Gesellschaft

Gedruckt mit Unterstützung der Südtiroler Landesregierung, Abteilung Deutsche Kultur

AUTONOME PROVINZ BOZEN SÜDTIROL · PROVINCIA AUTONOMA DI BOLZANO ALTO ADIGE
Deutsche Kultur

ISBN 978-88-7283-926-3
ISBN E-Book 978-88-7283-964-5

Projektleitung, Lektorat: Magdalena Grüner
Korrektur: Helene Dorner
Umschlaggestaltung: Philipp Putzer, www.farbfabrik.it
Fotos: Jana Rodenbusch (S. 105), alle anderen Fotos stammen aus dem Privatarchiv der Abgebildeten
Layout: Typoplus, Frangart (BZ)
Druck: Tezzele by Esperia, Lavis (TN)

Unseren Gesamtkatalog finden Sie unter www.raetia.com.
Bei Fragen und Anregungen wenden Sie sich bitte an info@raetia.com.

Raetia verzichtet der Umwelt zuliebe auf die Schutzfolie aus Plastik.

MIX
Papier | Fördert gute Waldnutzung
FSC www.fsc.org
FSC® C021437

TOTAL BEHINDERT

Menschen mit Behinderung in der Gesellschaft

Mareike Sölch

RÆTIA

Inhalt

Einleitung

Inklusion, ein schönes Wort – und eine noch viel schönere Vision. „Inklusion" meint, das Unterschiedliche nicht nur mit hineinzunehmen, sondern es als Teil des Ganzen zuzulassen. „Inklusion" ist fast ein Schmuckwort geworden. Denn es ist opportun, es sich auf die Fahnen zu schreiben oder zumindest in die Leitlinien: Man verstehe sich als divers, heißt es dann, und im besten Fall auch als inklusiv. Unternehmen, Schulen, Gesellschaften: Niemand will sich öffentlich nachsagen lassen, nicht inklusiv zu sein. Wer steht schon gerne dazu, aus-schließend, weg-denkend, eben ex-klusiv und nicht in-klusiv zu sein?

Diesem Buch ist eine These vorangestellt:
Inklusion ist in weiten Zügen
eine gesellschaftliche Illusion.

Diese These wird das Buch anhand von Fallbeispielen und Themen, die alle Menschen, besonders aber Menschen mit Behinderung betreffen, darstellen. Die nicht behinderte Gesellschaft geht davon aus, im Großen und Ganzen offen und nichtdiskriminierend zu sein. Gespräche mit Menschen mit Behinderung zeigen aber, dass Inklusion bei Weitem nicht überall gelebt wird.

Die Grundannahme besteht dabei darin, dass *inklusiv* der Zustand ist, der es jedem und jeder ermöglicht, barrierefrei und ohne Hindernisse an jedem Teil des

Lebens teilzunehmen. Dazu zählen zum Beispiel autonomer Transport, Barrierefreiheit in jedem Sinne, Zugang zu Bildung, Freizeitangeboten, Gleichbehandlung im Gesundheitssystem, Privatheit, Entscheidung über den eigenen Körper, die Erfüllung der Menschenrechte. Das Nichtvorhandensein von Inklusion bedeutet folglich, dass Menschen mit Behinderung am Ende der Nahrungskette in der Gesellschaft stehen. Auch das wird im Buch thematisiert. Sie sind häufig und in vielen Bereichen allen anderen diskriminierten Gruppen untergeordnet. Sie erleben noch heftigere Diskriminierung als andere marginalisierte Gruppen. Die Marginalisierung, also das Ins-Abseits-Schieben, Unsichtbar-Machen, Nicht-zur-Kenntnis-Nehmen, mündet darin, dass Menschen mit Behinderung und ihre Bedürfnisse oft überhaupt nicht mitgedacht werden. Obwohl sie die Experten für ihre Bedürfnisse sind, obwohl sie häufig auch am besten wissen, wie gelingende Inklusion funktionieren könnte, was dazu benötigt würde, sind sie meist einfach nicht Teil der Debatte. Diese Debatte über Behinderungen und Körper, Gesundheit, Moral, Ethik, Familiengestaltung, Finanzen, Privatheit und vieles mehr wird von nicht behinderten Menschen geführt. Die Vervollkommnung eines Übergriffs, ableistisches Verhalten par excellence. Es klingt hart: Diskriminierung, Ausschluss aus der Gesellschaft und unmögliche Teilhabe am öffentlichen Leben sind für Menschen mit Behinderung Realität, jeden Tag.

Inklusion ist entgegen den Erwartungen an den Begriff keine kuschelige, woke Angelegenheit, sondern ein anstrengendes Thema. Umso wichtiger ist es, Menschen mit Behinderung eine Stimme und Raum zu geben und ihnen zuzuhören. Dabei ist man als Mensch ohne Behinderung aufgefordert, sich mitunter auch unschöne Fragen zu stellen: Wie denke ich über Menschen mit Behinderung? Wie viele Menschen mit Behinderung habe ich im Freundes- oder Bekanntenkreis? Wann habe ich mir das letzte Mal über Menschen mit Behinderung Gedanken gemacht? Wo habe ich diskriminiert? Inklusion wird eine Illusion bleiben, wenn wir als Gesellschaft nicht umdenken. Im Buch werden Menschen mit Behinderung zu Wort kommen. Sie sollen ihre Geschichten laut erzählen und ihre Perspektiven teilen. Denn als Mensch ohne Behinderung über Inklusion zu philosophieren, ohne mit Betroffenen zu sprechen, ist wiederum wenig bis gar nicht inklusiv.

Anmerkung für die Leser:innen:
Das Buch wird durch Fragen gegliedert. Im besten Fall erhalten die Leser:innen am Ende jedes Kapitels eine oder mehrere Antworten auf die zuvor gestellte Frage. In manchen Fällen bleibt diese Antwort vielleicht aber auch aus, weil es keine einfache Antwort gibt. Dann erwartet die Leser:innen ein Fazit mit den wichtigsten Gedankengängen zum jeweiligen Kapitel.
Für dieses Buch sind Menschen mit unterschiedlichen Behinderungen nach ihren persönlichen Lebenserfahrungen befragt worden. Diese werden so individuell sein, wie es Menschen grundsätzlich sind. Die Erfahrungen dieser Menschen sollen die Primärperspektive im Buch sein.

Ich als Autorin erhebe nicht den Anspruch, mit *allen* Menschen mit Behinderung in Südtirol gesprochen zu haben, was unmöglich wäre. Das Buch ist in diesem Sinne auch keine wissenschaftliche Abhandlung, lebt aber von zur Verfügung stehenden Quellen, die da sind: Interviews mit Menschen mit verschiedenen Behinderungen, Gespräche mit Vertretern und Vertreterinnen aus der Politik, von Verbänden und Ämtern, Angehörigen etc. Ich spreche in meinem Buch von „Behinderung", so wie auch viele Menschen mit Behinderung diesen Begriff wertfrei und neutral für sich benutzen.

Die *Disability Studies* definieren einen Unterschied zwischen Beeinträchtigung und Behinderung. Eine Beeinträchtigung ist per se eine körperliche Beeinträchtigung, die aber durch Barrieren und Diskriminierung in Alltag und Gesellschaft eine Behinderung wird. Beeinträchtigung ist also *kein* neues Synonym für Behinderung, zumindest nicht eins zu eins (um mehr zu Sprache und Begrifflichkeiten zu erfahren, siehe Frage 2).

Werden Menschen mit Behinderung gleichbehandelt?

„Im Prinzip geht es um Menschenrechte."

Betroffene:r, anonym

„Es geht einfach alles langsam. Es wird viel geredet und wenig gemacht. Jeder Zehnte hat eine Behinderung. Man kann nicht einmal barrierefrei mit einem Rollstuhl von Bozen nach Innsbruck fahren. Das ist ja lächerlich."

Heidi Ulm, Selbstvertretung im Südtiroler Monitoringausschuss

„Menschenrechte dürfen niemals von Gutmütigkeit abhängig sein. Dann sind es keine Menschenrechte."

Laura Gehlhaar, Autorin und Inklusionsberaterin mit Behinderung

In Südtirol leben rund 50.000 Menschen mit Behinderung. Jeder oder jede Zehnte von uns hat also eine sichtbare oder nicht sichtbare Behinderung. Aber nur jede dritte Behinderung ist angeboren. Alle anderen werden im Laufe eines Lebens erworben. Im Prinzip kann jeder und jede behindert werden.

Gleichbehandlung, Gleichberechtigung und Chancengleichheit sind in Südtirol rechtlich verbrieft. Auf internationaler Ebene greift die UN-Behindertenrechtskonvention. Die unterzeichnenden Staaten verpflichten sich in diesem Dokument, die Rechte von Menschen mit Behinderung zu garantieren und zu achten. Italien hat die Konvention 2007 unterzeichnet. In Südtirol ist die Konvention mit dem Landesgesetz Nr. 7 vom Juli 2015 rezipiert worden.

Mit diesem Gesetz ist in Südtirol auch der Monitoringausschuss für die Rechte von Menschen mit Behinderung eingesetzt worden. Die Aufgabe des Monitoringausschusses ist es, die Umsetzung der UN-Konvention zu überwachen. Der Monitoringausschuss ist auch dazu da, die Anliegen von Menschen mit Behinderung besser aufs Tapet zu bringen und sie deutlicher hörbar zu machen. Das wesentliche Merkmal des Ausschusses ist die Selbstvertretung: Menschen mit verschiedenen Behinderungen oder chronischen Erkrankungen sind dort vertreten. Die Sitzungen sind öffentlich, die Themen breit gefächert, einmal im Jahr wird ein Schwerpunktbericht veröffentlicht.

Der Monitoringausschuss ist somit ein beratendes Gremium für den Südtiroler Landtag, dessen Gutachten für das gesetzgebende Organ nicht bindend sind, sondern lediglich Handlungsempfehlungen darstellen.

Die ehemalige Gleichstellungsrätin und Präsidentin des Monitoringausschusses, Michela Morandini, findet, dass es bezüglich der Gleichbehandlung von Menschen mit Behinderung in Südtirol jedenfalls Luft nach oben gibt: „Und deswegen pochen wir auch immer auf die Gleichbehandlung und sagen, Südtirol ist im Vergleich zu anderen europäischen Staaten weit hinten.“

Die UN-Konvention verbrieft die Gleichstellung, Teilhabe und Selbstbestimmung. Gleichstellung meint das

Recht auf den gleichen Zugang zu Lebenschancen und beinhaltet zum Beispiel den Schutz vor Diskriminierung. Teilhabe meint den barrierefreien Zugang zur Gesellschaft in allen Bereichen. Und die Selbstbestimmung meint das freie Recht, über sein Leben zu entscheiden. Das sind Dinge, die nicht behinderte Menschen für sich als Grundrecht, eben als Menschenrecht, selbstverständlich in Anspruch nehmen. Für Menschen mit Behinderung wird die Inanspruchnahme dieser Rechte aber weitestgehend zum Kampf. Menschen mit Behinderung haben in der Realität nicht die gleichen Lebenschancen wie Menschen ohne Behinderung, weil ihnen Zugänge zum Arbeitsmarkt, zur freien Bildung, zu gesellschaftlichen Events wie Konzerten, Festen oder anderen Veranstaltungen fehlen. Sie stoßen täglich auf Barrieren, auf architektonische und auf sensorische. Sie scheitern an der freien Lebensgestaltung, weil nicht mitgedacht wird, dass Menschen mit Behinderung den Wunsch zum Beispiel nach eigenständigem Wohnen haben könnten. Sie können nur mit vielen Hindernissen oder gar nicht zur gleichen finanziellen Freiheit kommen wie Menschen ohne Behinderung. Ihr Recht auf Privatsphäre und ihre Rechte am eigenen Körper werden weniger geachtet. Sie können weder das öffentliche Verkehrssystem uneingeschränkt nutzen noch am täglichen Leben, das Behördengänge, Arzt- oder Krankenhausbesuche und Einkäufe umfasst, barrierefrei teilnehmen. Sie werden in Sprache, Taten und Zuständen ungleich behandelt und diskriminiert. Sie werden einfach nicht als gleichberechtigte Personengruppe mitgedacht.

Wieso ist Gleichbehandlung überhaupt wichtig?

Stellen Sie sich vor, Sie sind eine junge Frau oder ein junger Mann. Sie möchten ausziehen, studieren, arbeiten und irgendwann Kinder bekommen. Wenn Sie nicht behindert sind, dann wird es für Sie Herausforderungen geben. Vielleicht haben Sie nicht die finanziellen Ressourcen, um zu studieren und auszuziehen. Sie können sich dann überlegen, ob Sie zum Studien- oder Ausbildungsort pendeln, in einer Wohngemeinschaft oder in einem Studentenheim wohnen möchten. Sie können um Beihilfen zum Studium ansuchen. Sie genießen Ihr junges Leben, machen sexuelle Erfahrungen. Vielleicht finden Sie, wie viele junge Menschen, dann erst nach Irrungen und Wirrungen den richtigen Partner oder die richtige Partnerin für die Familiengründung. Sie schließen Ihr Studium ab, vielleicht haben Sie einmal einige Prüfungen nicht geschafft. Ansonsten kommen Sie aber gut durchs Leben. Sollten Sie nicht studieren wollen, dann haben Sie einen Beruf gelernt. Sie haben Freunde, die spontan entscheiden, in welche Bar man heute Abend geht, oder ob die Gruppe den Tag am Berg verbringt. Sie entscheiden sich irgendwann für die Familiengründung, vielleicht klappt es gleich mit den Kindern, vielleicht auch nicht. Wenn Sie Eltern werden, freut sich jeder mit Ihnen. Niemand fragt nach, ob es richtig für Sie und Ihr Leben sei, dass Sie ein Kind bekommen. Und niemand zweifelt, ob Sie auch wirklich Eltern sein können. Im Großen und Ganzen können Sie Ihr Leben in allen Lebensbereichen selbstbestimmt bestreiten, niemand redet Ihnen in Ihre Entscheidungen hinein. Sie können selbst entscheiden, wo sie wohnen wollen und wo Ihre Kinder zur Schule gehen. Wenn Sie zum Arzt müssen, machen Sie sich keine Sorgen, ob man Sie verstehen wird oder ob sie gut behandelt werden können, denn Sie sprechen mindestens zwei der drei Landessprachen passabel und können sich ausdrücken. Vielleicht haben Sie Glück und verdienen viel Geld in Ihrem Beruf. Vielleicht verdienen Sie mittelmäßig viel oder vielleicht eher weniger. Für die meisten Menschen, wenn auch nicht für alle, reicht es für wenigstens einen Urlaub im Jahr. Dann bleibt nur noch die Frage, wohin es denn gehen soll. Sie könnten sich aber auch für einen Urlaub daheim entscheiden und die Sehenswürdigkeiten Südtirols genießen, sie stehen Ihnen alle offen. Sie müssen nicht darüber nachdenken, ob das Landesmuseum barrierefrei ist oder das Schwimmbad im Hotel für Sie erreichbar.

Würden Sie für Ihr eigenes Leben auf nur eines der oben genannten Rechte verzichten? Würden Sie auch nur auf eines der oben genannten Rechte verzichten für Ihr Kind, Ihren Mann oder Ihre Frau, Ihre guten Freunde oder Ihre Angehörigen mit Behinderung? Nahezu alle oben genannten Möglichkeiten sind für Menschen mit Behinderung mit Schwierigkeiten und Hürden verbunden. Viele dieser Möglichkeiten stehen ihnen vielmehr gar nicht zur Wahl. Menschen mit Behinderung haben oft nicht die Möglichkeit, ihren Arzt frei zu wählen, weil er vielleicht nicht für sie erreichbar ist. Sie müssen ihre Urlaubsziele nach barrierearmer Zugänglichkeit auswählen. Sie haben oft nicht die gleiche finanzielle Freiheit wie Menschen ohne Behinderung. Sie müssen ihren Bildungsweg und ihre Studien- oder Ausbildungsentscheidungen anhand möglicher Barrieren organisieren und können oft nicht selbst entscheiden, wo und wie sie wohnen möchten. Menschen mit Behinderung wird es sehr schwer gemacht, ihr Leben selbst zu gestalten, so wie sie es möchten. In all diesen Entscheidungen eingeschränkt zu sein, ist keine Gleichbehandlung.

Menschen ohne Behinderung beanspruchen alle diese Rechte und die Freiheit, ihr Leben zu gestalten, wie sie möchten, selbstverständlich für sich. Deshalb sprechen Aktivisten auch oft von Privilegien, die Menschen ohne Behinderung haben. Es ist Aufgabe der nicht behinderten Gesellschaft, sich darüber klar zu werden, dass sie gegenüber Menschen mit Behinderung Privilegien hat. Im Zuge dieser Reflexion kann man auch darüber nachdenken, wie es sich anfühlen würde, eines seiner Privilegien aufzugeben.

Was ist Ableismus?

Für die Diskriminierung verschiedener Menschengruppen haben sich im 20. Jahrhundert Begriffe etabliert, die die Diskriminierung dieser jeweiligen Personengruppe beschreiben. Zu diesen Begriffen gehören zum Beispiel „Sexismus" oder „Rassismus". Für Behindertenfeindlichkeit und die Diskriminierung von Menschen mit Behinderung wird der Ausdruck „Ableismus" verwendet. Ableismus lässt sich zurückführen auf das englische Wort *ability* (Möglichkeit, Fähigkeit). Es gibt ableistische Wörter und Aussagen, Ableismus meint aber auch ein System aus struktureller Benachteiligung. Ableismus reduziert Menschen mit Behinderung auf ihre Behinderung und wertet sie dadurch ab. Ableismus schreibt auch bestimmte Stereotype zu, die wiederum zur vereinfachten Darstellung von Menschen mit Behinderung benutzt werden.

Menschen, die von Ableismus betroffen sind, werden von der Mehrheitsgesellschaft systematisch ausgeschlossen.

Werden Menschen mit Behinderung also gleichbehandelt?

Menschen mit Behinderung werden in fast keinem Land der Welt gleichbehandelt und sie werden es auch in Südtirol nicht. Dabei ist Gleichbehandlung ein Grundrecht. Dieses Recht gilt auch für Menschen mit Behinderung. Für die Diskriminierung von Menschen mit Behinderung wird der Begriff Ableismus verwendet.

Welche Sprache und welche Begriffe für Menschen mit Behinderung sind ok, welche nicht?

„Könnt ihr Krüppel nicht zur Seite gehen?"

Diesen Satz hörte Roland Mores in Meran, beim Asfaltart Straßenkunst Festival. Das Festival versteht sich als offene Kulturveranstaltung, für alle, die Spaß an hochwertiger Kultur mit Darstellerinnen und Darstellern aus ganz Europa haben, die Stadt steht kopf. Mores sitzt im Rollstuhl, ist zu 100 % als Invalide, also als Mensch mit Behinderung anerkannt. Er war an diesem

Roland Mores ist Rollstuhlfahrer, in Meran lebend, Gründer und Präsident des Vereins „Rolling Eagles". Er setzt sich seit Jahren vor allem für Freizeitangebote für Menschen mit Behinderung ein und durchkämmt die Stadt Meran systematisch nach  barrierefreien WC-Anlagen für Menschen mit Behinderung. Mit seinem elektrischen Rollstuhl ist er täglich unterwegs, dabei wurde er schon des Öfteren beschimpft und beklaut.
Lernen Sie Roland hier persönlich kennen:

Tag mit einem Jugendlichen mit Behinderung und dessen Mutter unterwegs. Roland Mores und der Jugendliche fuhren mit den Rollstühlen am Publikum vorbei nach vorne, um eine Performance besser sehen zu können. Denn durch die sitzende Haltung im Rollstuhl ist ihre Kopfhöhe niedriger als die von Menschen, die keine Gehbehinderung haben. Man würde meinen, dass diskriminierende, beleidigende Begriffe wie „Krüppel" nicht mehr zum sprachlichen Repertoire der Gesellschaft gehören. Hört man Roland Mores zu, dann tun sie das aber sehr wohl. Er erlebt Diskriminierung, die ausgesprochen wird, und zwar laut, jeden Tag. „Mit meinem elektrischen Rollstuhl muss ich auf dem Gehsteig fahren. Auf der Straße wäre es viel zu gefährlich", sagt Mores. Da allerdings bekommt er einiges zu hören. Auch als „Spast" ist Roland Mores schon bezeichnet worden.

Darf man „behindert" sagen?

Viele Menschen zögern, das Wort „Behinderung" zu benutzen, aus der gewachsenen Idee, in einer sensiblen Gesellschaft sage man dieses Wort nicht mehr. Könnte dieses Wort vielleicht diskriminierend oder herabwürdigend sein? Die allermeisten Menschen mit Behinderung sowie auch Autorinnen, Aktivisten und Forschende mit Behinderung haben die Wörter „Behinderung" und „behindert" als Selbstbezeichnung etabliert. Behinderung beschreibt neutral einen Zustand des Körpers. „Mensch mit Beeinträchtigung" wird auch von vielen benutzt und geht aus dem gleichen Grund in Ordnung.

Aber auch hier gibt es Aktivisten, die sagen: Nennen wir das Kind beim Namen. Behinderung ist ein neutraler Ausdruck und soll auch einer bleiben.

Es versteht sich, dass dabei eine nichtneutrale, stark negative Konnotation des Begriffes „behindert" durchaus diskriminierend ist – wenn etwa, hauptsächlich in der Jugendsprache, das Adjektiv „behindert" als Beleidigung verwendet wird, um darzustellen, dass etwas schlecht sei.

Komplexer wird es bei weiteren Beschreibungen wie zum Beispiel dem aus dem Englischen entlehnten Begriff „Handicap". Handicap ist ein defizitorientiertes Wort und wird deshalb auch im Englischen nicht mehr verwendet. Gleiches gilt dann auch für die deutsche Sprache. Ebenfalls in diese Sparte fällt die Bezeichnung „Mensch mit besonderen Bedürfnissen". Dieser Ausdruck meint mit, dass Menschen mit Behinderung „besonders" ergo „anders" sind und „besondere Bedürfnisse" haben, also „bedürftig" sind und von der Gesellschaft etwas brauchen. Sie sind nach dieser Zuschreibung auf das Wohlwollen ihrer Mitmenschen angewiesen. Auch das trifft auf Menschen mit Behinderung nicht zu. Jeder Mensch, ob mit oder ohne Behinderung, möchte ohne Barrieren am gesellschaftlichen Leben teilhaben dürfen. Menschen mit Behinderung haben demnach weder besondere noch spezielle Bedürfnisse.

„Der Behinderte" wiederum verkürzt etwas und reduziert den Menschen mit Behinderung auf eben nur das eine: seine Behinderung. Am elegantesten, am wenigsten diskriminierend und vor allem am zutreffendsten ist daher die Formulierung: Mensch mit Behinderung.

So einfach, so beschreibend, so korrekt. Ein Mensch mit vielen Charaktereigenschaften, mit vielen Merkmalen, so anders und so gleich wie jeder Mensch, und eben ein Mensch mit Behinderung.

Zurück zu Roland Mores und seinem jugendlichen Begleiter. Roland Mores keift an diesem Tag in Meran ordentlich zurück. Weichen, um dem Konflikt auszustellen? Das hat er schon lange aufgegeben. Mores hat sich ein dickes Fell zugelegt, gewachsen über Jahrzehnte, abgehärtet durch die unverblümte und gedankenlose Grausamkeit der Mitmenschen. Sein junger Freund aber war mit den Nerven am Ende. Der Tag, der wie der jedes anderen Menschen ein schöner, entspannter, mit Kultur und vielen Eindrücken gefüllter Tag werden sollte, war gelaufen, der Junge in Tränen aufgelöst. Seine Mutter war wütend, sprachlos, und am Ende waren doch alle wenig überrascht. Sprache, die verletzt, tut es, wenn sie benutzt wird.

„Die an den Rollstuhl gefesselte Frau leidet an Autismus ..."

Wie diskriminierende Sprache über Menschen mit Behinderung weiterhin genutzt wird und dass es inklusive Sprache im Übrigen auch nicht in die großen und kleinen Redaktionen schafft, das kann man im gesamten deutschsprachigen Raum und darüber hinaus verfolgen. Die Online-Plattform *Leidmedien* bietet Aufklärung und Weiterbildung an für alle, die sich für inklusive

Sprache interessieren. Im Zuge dieser Sensibilisierung werden auch die No-Gos aufgearbeitet. Eine Frau „leidet" an Autismus? Nein, sie ist einfach eine Frau mit Autismus, die nicht den ganzen Tag „leidend" in der Ecke sitzt, sondern manchmal an den Umständen verzweifelt. Der Aktivist und Moderator mit Behinderung Raul Krauthausen „ist an den Rollstuhl gefesselt"? Jedenfalls schrieb das eine Zeitung über ihn. Krauthausen sagt dazu: „Sollten Sie einen Menschen sehen, der tatsächlich an einen Rollstuhl gefesselt ist, dann binden Sie ihn bitte los." Für Krauthausen ist der Rollstuhl das Mittel, um am gesellschaftlichen Leben teilhaben zu können, keine Einschränkung also, sondern sein Fortbewegungsmittel. Fesseln lasse er sich überhaupt nur noch, wenn es für den politischen Protest notwendig wäre, so Krauthausen.

Die sehbehinderte Barbara Flickert hörte im Radio über sich selbst, sie lebe in der Dunkelheit. Obwohl sie, wie viele andere Menschen mit Sehbeeinträchtigung noch Sehvermögen habe, überwiege das Bild der traurigen, einsamen Blinden. Viel hilfreicher wäre es, mehr über den Alltag von Menschen mit Sehbeeinträchtigung zu erfahren. Wie arbeiten und leben sie, wie gehen sie ins Kino und welche Hilfsmittel brauchen sie dazu?

Auch häufig gebraucht wird die Bezeichnung „taubstumm". Dabei sind Menschen mit Hörbehinderung eigentlich nie „stumm", denn sie können sehr gut über die Gebärdensprache kommunizieren. Leider wird die Abwesenheit von Dolmetschern und Dolmetscherinnen im Alltag noch nicht als Barriere wahrgenommen, sie ist aber eine ganz wesentliche. Hörbehinderte Menschen sind nicht kommunikationslos, sondern kommunizieren in einer anderen Sprache. Durch die Verwendung des Wortes „stumm" im kombinierten Ausdruck „taubstumm" hat man unterschwellig auch schon die Erklärung parat, warum man eigentlich auch selten Dolmetscher:innen braucht. Denn wenn die Person „stumm" ist, dann hat sie wohl auch nichts zu sagen.

Thomas Gottschalk und der Junge im Rollstuhl

Es war die letzte Sendung von Urgestein Thomas Gottschalk als „Wetten, dass..?"-Legende. Sie war aus verschiedenen Gründen auch eine der denkwürdigsten, zum Beispiel weil der Moderator nicht mit sexistischen Kommentaren, unter anderem gegenüber der Rapperin Shirin David, hinter dem Berg hielt und am Ende in die Kamera sagte, er wolle eh nicht mehr moderieren. Denn man könne in diesen Zeiten nicht mehr sagen, was man wolle, und würde immer falsch verstanden werden.

In der Sendung war auch der 14-jährige Felix zu Gast, der eine Wette eingereicht hatte. Felix hat eine Behinderung und benutzt einen Rollstuhl. Gottschalk moderierte ihn an und sagte, der Junge sei „den ganzen Tag" an den Rollstuhl „gefesselt" und sei „trotzdem" ein „ganz aufgewecktes Kerlchen". Außerdem fragte Gottschalk den Jungen vor mehreren Millionen TV-Zuschauern ganz direkt nach seiner Diagnose. Zum einen bestätigte Gottschalk so die allgemeine Idee, dass Menschen mit

Behinderung kein Recht auf Privatsphäre haben. Denn aus welchem Grund sollte Felix an diesem denkwürdigen Abend, an dem er in eine „Wetten, dass..?"-Sendung eingeladen wurde, seine Diagnose öffentlich machen wollen? Gottschalk war vielleicht der Meinung, dass er und sein TV-Publikum ein Recht auf diese Information hätten, denn schließlich sah man bei Felix ja, dass etwas „anders" war.

Viel schlimmer ist in diesem Kontext aber, dass Gottschalk seine TV-Bühne nutzte, um die ableistische Haltung zu multiplizieren, der Junge würde an seiner Behinderung „leiden". Abgesehen davon, dass Gottschalk nicht wissen kann, inwiefern der 14-Jährige jeden Tag „leidet", weil er schlichtweg dessen Leben nicht kennt, implizierte er auch noch, dass Menschen mit Behinderungen ja normalerweise gar keine „aufgeweckten Kerlchen" seien, denn: Sie sind ja behindert. Mit dem verniedlichenden und verkleinernden „Kerlchen" setzte Gottschalk dem Ganzen das Sahnehäubchen auf, ist es doch ein Ausdruck, der für einen 14-jährigen Jugendlichen schon per se nicht mehr angemessen ist.

Obendrein schmückte sich „Wetten, dass..?" auch nicht mit weiteren inklusiven Maßnahmen. Man könnte meinen, das Team hätte nicht gewusst, dass Felix in die Sendung kommen würde. Oder man hatte dieses „kleine Problem" wieder einmal großzügig vergessen. Das Podest, auf dem die Promi-Gäste der Sendung saßen, war etwa nicht barrierefrei zugänglich. Stattdessen wählte man eine andere Lösung: Die Promis traten kurzerhand über die Stufen hinunter, zu Felix *hinunter*, um ihn zu begrüßen. Sinnbildlicher kann man fehlende

Inklusion und Barrierefreiheit gar nicht abbilden – und das vor einem Millionenpublikum.

Misslungene Kampagnen

Sensibilisierung der Zivilgesellschaft für Minderheiten und marginalisierte Gruppen ist grundsätzlich wichtig. Daraus kann gesellschaftlicher Wandel entstehen. Wenn es um Kampagnen geht, die Menschen mit Behinderung einbeziehen und abbilden, kann das entweder gut gehen – meistens dann, wenn mit Betroffenen und Verbänden gesprochen wird – oder es kann nach hinten losgehen, wie man an einigen grandios gescheiterten Kampagnen im deutschsprachigen Raum sehen kann.

ÖBB: Pass auf dich auf und werde nicht behindert

Die Österreichischen Bundesbahnen (ÖBB) wollten auf Sicherheit am Bahngleis hinweisen. Vor allem jungen Menschen sollten gezeigt werden, dass zum Beispiel das achtlose Überqueren von Gleisen mitunter tödliche Folgen haben kann. Die Kampagne wurde im Jahr 2019 gelauncht und bekam den Namen „Pass auf dich auf". Bei den ÖBB wählte man daraufhin Bilder von meist jungen Menschen mit Behinderung neben einem Bahnübergang. Die Message: Diese Person mit Behinderung könntest du sein, wenn du nicht aufpasst!

Menschen mit Behinderung werden also als abschreckendes, bemitleidenswertes Beispiel benutzt, um Jugendlichen ihr riskantes Verhalten auszutreiben. Die Kampagne suggeriert außerdem, dass Menschen mit Behinderung sich anders verhalten hätten können und dann vielleicht gar nicht behindert wären. Das trifft zumindest auf angeborene Behinderungen nicht zu und auch auf viele erworbene Behinderungen nicht. Der mittlerweile verstorbene Behindertenanwalt Hansjörg Hofer, 2019 tätig bei der österreichischen Behindertenanwaltschaft, kritisierte die Kampagne scharf. Es handle sich bei der Warnung vor und der Vermeidung von riskantem Verhalten auf Bahnhöfen dem Grunde nach zwar um ein wichtiges Anliegen. Durch die ÖBB-Kampagne werde aber eine abwertende Art der Darstellung von Menschen mit Behinderung vermittelt, diese sei mit aller Deutlichkeit zurückzuweisen. „Diese Darstellung von Menschen mit Behinderungen durch die ÖBB ist verstörend. Im Sinne der Inklusion sollte dringend davon Abstand genommen werden, Behinderungen in einem derart negativen Kontext darzustellen. Gerade die ÖBB als staatliches Unternehmen sollten sich ihrer Vorbildfunktion bewusst sein und diese verantwortungsvoll erfüllen", so Hofer.

Die Aktion Mensch will „Orte für Alle": Behinderte sind gar nicht behindert?

Im August 2021 wollte die Aktion Mensch in Deutschland für Barrierefreiheit werben. Da kreierte man einen Slogan und warb mit Menschen mit Behinderung. Gerade da fand man bei der Aktion Mensch: „Menschen haben keine Behinderung. Orte schon." Menschen mit Behinderungen sind also gar nicht behindert, das wird von nicht behinderten Menschen festgestellt, denn es seien nur die Orte, die behindert seien. Aktivistinnen und Aktivisten mit Behinderung liefen Sturm. Dank Social Media kann man auch als nicht behinderte Person, wenn man möchte, diesen Protest mitlesen. Die Aktivistin und Autorin mit Behinderung Luisa L'Audace formulierte zusammen mit den Inklusions-Aktivistinnen Alina Buschmann und Evilina Enfer zum Beispiel die Kritik, man habe jahrelang um eine diskriminierungsfreie neutrale Haltung zum Wort „Behinderung" als Selbstbeschreibung gekämpft. Nun zu behaupten, Menschen mit Behinderung hätten gar keine Behinderung, sei völlig verfehlt und ableistisch. Wiederum sprechen laut der Aktivistinnen Menschen ohne Behinderung *über* Menschen mit Behinderung. Die Erfahrungen, die sie als behinderte Frauen regelmäßig machten, seien Teil ihrer Identität. Die Aktion Mensch versuche nun mit dieser Kampagne Behinderungen kleinzureden, auf Orte zu übertragen. Außerdem könnten Orte als solche überhaupt nicht „behindert" sein, sondern lediglich behindernd, und es seien auch nicht die Orte, die an sich behindern würden, sondern die sich dort befindlichen Barrieren.

Die Aktion Mensch, ursprünglich eine Soziallotterie, schreibt heute auf ihrer Homepage: „Inklusion fördern – damit alle gewinnen". In ihrer Kampagne mit den behinderten Orten hat die Aktion Mensch aber genau wie die ÖBB an vielen Menschen mit Behinderung weit vorbeigearbeitet. Problematisch ist dann nicht nur der Inhalt per se, sondern vor allem auch die Reichweite, die derartige Kampagnen haben – nämlich ein Vielfaches im Vergleich zur Reichweite, die Menschen mit Behinderung haben. Ergo erreicht auch die Kritik von Menschen mit Behinderung, Behinderten-Aktivisten und -Aktivistinnen nie dieselbe Anzahl an Menschen, die mit der verfehlten Kampagne erreicht worden sind.

Welche Sprache und welche Begriffe für Menschen mit Behinderung sind also ok, welche nicht?
„Mensch mit Behinderung" ist eine selbst gewählte, neutrale Selbstbezeichnung und deshalb der beste Ausdruck. Man darf auf nicht abwertende Worte achten: Menschen mit Behinderung „leiden" nicht „an" ihrer Behinderung und sind nicht an ihre Hilfsmittel „gefesselt".

Was ist wirkliche Barrierefreiheit?

„Ich bin echt so kurz davor, wenn ich mehr Geld hätte, mir einen Rechtsanwalt zu holen und dagegen zu klagen."

Heidi ist wütend. Sie sagt, man solle sie stoppen, wenn sie zu weit gehe. Heidi hat genug von leeren Phrasen, sie hat sie alle gehört. Auch sie erlebt Diskriminierung, in alltäglichem Ausmaß. Da wird sie vom Professor an der Uni drauf hingewiesen, dass sie leider nicht am Seminar teilnehmen kann, wenn sie den Laborkittel nicht alleine zubekommt (Heidi studierte Biologie und bekommt den Laborkittel tatsächlich aufgrund ihrer

Heidi Ulm hat Biologie studiert. „Aber irgendwie war es nicht das richtige für mich." Heidi ist aktiv im Monitoringausschuss für Menschen mit Behinderung als Selbstvertreterin. Sie findet, dass es an der Zeit ist, dass mehr Menschen mit Behinderung ihre  Stimme erheben. Man dürfe auch mal wütend sein, sagt Heidi. Es falle ihr schwer, immer der „Türöffner zu sein. Aber natürlich ist Dialog total wichtig, damit wirklich was weitergeht". Lernen Sie Heidi hier kennen:

Behinderung nicht allein zu). Ein anderes Mal bewirbt sie sich um einen Nebenjob als Rezeptionistin in einem bekannten Bozner Hotel in der Brennerstraße. Plötzlich bekommt ihr Ansprechpartner Bedenken: Was, wenn die Gäste im Sommer ihre Behinderung sehen? Was würden die sich dann denken? Heidi reagiert mit einem Lächeln, „anstatt sofort zu sagen: Ciao! Das hätte ich nämlich mal machen sollen." In einer Bozner Anwaltskanzlei ist man sich nicht sicher, ob Heidi ausreichend schnell tippen kann mit ihrer Behinderung. Man stellt sie mit der Stoppuhr auf die Probe. Heidi kann, auch weil sie seit Jahren versucht hat, ihre Behinderung mit Leistung zu kompensieren. In der Schule erhielt sie deshalb stets Bestnoten.

Was hat das alles mit Barrierefreiheit zu tun? Sehr viel, denn Barrierefreiheit bedeutet auch: gleicher Zugang, zum Beispiel zu Jobs. Wenn im Job allerdings die gleiche Tippfrequenz mit einer Hand wie mit zwei Händen vorausgesetzt wird (was Heidi ja tatsächlich erfüllt hat), dann ist Heidi benachteiligt.

Welche Barrieren gibt es?

Barrierefreiheit: Darunter verstehen nicht behinderte Menschen meistens, dass es möglich ist, ebenerdig mit dem Rollstuhl in ein Gebäude zu fahren. Barrieren sind aber noch anders geartet. Bauliche Barrieren können sein: Stufen, Kurven, steile Treppen, Enge, also kein Platz zum Wenden oder Aufstehen. Architektonische Barrieren im Badezimmer können sein: das Fehlen eines Arms, um eine Person mit Behinderung auf die Toilette zu heben, zu hohe Waschbecken, zu wenig Platz. Barrieren sind aber auch: fehlende Leitlinien für sehbeeinträchtigte Menschen, keine Gebärdensprache. Auch Braille-Schrift oder Blinden-Leitsysteme gehören zur Barrierefreiheit, ebenso wie leichte Sprache.

Das Fehlen von verständlicher Sprache verhindert Kommunikation und somit auch Information.

Heidi sagt, es gebe immer wieder Gespräche mit Verantwortlichen. Die laufen aber nicht immer gut, wenn Missstände offen angesprochen werden. Man nennt die eingeschnappte Betroffenheit von nicht behinderten Personen auch *abled fragility*: die „Zerbrechlichkeit", die nicht behinderte Personen häufig an den Tag legen, wenn sie von Menschen mit Behinderung auf diskriminierende Aussagen oder fehlende Barrierefreiheit hingewiesen werden. Nicht selten kommt es dann auch zum Gaslighting: Der betroffenen Person werden ihre Gefühle und Argumente abgesprochen, es wird suggeriert, man habe nur falsch verstanden, es sei alles nicht so schlimm. Verkleinern, verharmlosen, in den Boden stampfen.

Barrierefreiheit ist Sicherheit

„Wieso gibt es eigentlich in den allerwenigsten öffentlichen Ämtern jemanden, der zumindest die Grundgebärden kann?", fragt sich auch Simon Guichard. Simon kommuniziert lautend, aber er kennt die Barrieren, die Menschen mit Behinderung betreffen können, und denkt deshalb auch andere Behinderungen mit. Simon bewegt sich mit einem elektrischen Rollstuhl. Eines Tages ist er auf der Rückreise aus Berlin, eigenständig. Er war bei den Special Olympics und hat eine Goldmedaille gewonnen im Tischtennis. Am Brenner soll das Zugteam wechseln. Das passiert aus ungeplanten Gründen nicht, das österreichische Personal verlässt den Zug. Die nächste Durchsage lautet: Alle Passagiere verlassen den Zug und steigen um. Simon wartet, dass er den Zug verlassen kann, aber das ist unmöglich, denn: Der Bahnhof Brenner ist für Simon nicht barrierefrei. Außerdem kommt er schon schlichtweg nicht aus dem Zug. Informationen fließen nicht, Simon weiß nicht, wie es für ihn weitergehen wird. Am Ende schafft es Simon mit vielen Hürden und stundenlanger Wartezeit nach Brixen, dort wird er von Freunden abgeholt, die ihm auch aus dem Zug helfen. Theoretisch gäbe es an italienischen Bahnhöfen die Möglichkeit, eine Ein- und Ausstiegshilfe zu organisieren, die „Sala Blu". Darum muss eine Person mit Behinderung aber mindestens 24 Stunden vorher ansuchen, über eine Hotline, die zentral in Verona abgewickelt wird.

Aus Simons Odyssee ergeben sich viele Fragen: Warum gibt es in Südtirol keine autonome Ein- und Ausstiegshilfe? Warum sind viele Bahnhöfe, noch dazu repräsentative Bahnhöfe, wie der Bahnhof Bozen, nicht barrierefrei? Was wäre gewesen, wenn Simon auf zeitlich gebundene Medikamente angewiesen wäre? Oder noch schlimmer, was wäre im Notfall, etwa bei einem Brand, passiert? Wie wäre Simon dann aus dem Zug gekommen? „Irgendwann passiert mal was. Wer übernimmt dann die Verantwortung? Ich bin mir sicher,

Simon Guichard ist gebürtiger Deut-
scher und lebt seit vielen Jahren in
Südtirol. Er ist mobilitätseingeschränkt
und im Autismusspektrum. Simon arbeitet am ersten Arbeitsmarkt, das
heißt er hat einen Job, für den er bezahlt wird, und arbeitet nicht in einer
Werkstätte. Darauf ist er sehr stolz. Seine Firma, sagt
er, das seien nicht nur Kollegen für ihn. Simon spielt
leidenschaftlich gern Trompete und Tischtennis. Auf
seiner Facebookseite macht er immer wieder auf die
Herausforderungen in seinem Alltag und die
Barrieren aufmerksam.
Lernen Sie Simon hier persönlich kennen:

dass dann wieder die Verantwortlichkeiten hin- und
hergeschoben werden, zulasten des Menschen, der im
Zug sitzt und gar nichts dafürkann", folgert Simon. Fehlende Barrierefreiheit heißt im schlimmsten Fall nicht
nur Ausgrenzung von der Teilhabe, sondern auch Ge-
fährdung von Leib und Leben.

Der Landtagsabgeordnete des Team K, Alex Ploner,
hat den Ruf, sich immer wieder für die Belange von
Menschen mit Behinderung einzusetzen. „Ich bin persönlich betroffen, weil mein Onkel im Rollstuhl war.
(...) In dem Moment, wo du in Berührung mit Betroffenen kommst, ändert das die Sichtweise", sagt Ploner.
„Aber wenn es in die Details geht, dann wissen viele
nicht, worum es am Ende des Tages wirklich geht. Und
dann passieren so Sachen: Fluchttüren werden falsch

eingebaut, Kleinigkeiten und Großes werden dann übersehen. Und dann wird manchmal gesagt: Ja, ist ja egal, wenn die Sicherheitsschnur in der barrierefreien Toilette nicht bis zum Boden reicht. Obwohl jeder Betroffene weiß: Moment, wenn ich am Boden liege, dann muss ich unten den Alarmknopf ziehen können und nicht auf einer halb Metern Höhe. Das sind die Dinge, die mir mittlerweile auffallen, weil ich mich mit der Thematik beschäftigt habe. Und ich möchte, dass es jedem Architekten, jedem Bürgermeister oder jeder Bürgermeisterin, jeder oder jedem Verantwortlichen in einem Bauamt auffällt, wenn ein öffentliches Gebäude abgenommen werden muss."

Alex Ploner fragt sich auch, warum zum Beispiel der Blindenverband bei der Planung eines Mobilitätszentrums nicht mit eingebunden wird. „Ich war mit Vertretern des Blindenverbands in Bruneck im Mobilitätszentrum und habe mir das auch angeschaut, und die haben mir alles erklärt. Sie fordern auch: Bitte nie einen Kieselweg links oder rechts vom Weg, wir brauchen Beton, wir brauchen Asphalt. Und dann kommt ein Architekt daher und sagt: Nein, ich will doch Kiesel, weil es schöner ausschaut. Und da gehen wir einen Kompromiss ein, der nicht funktioniert, weil er nicht zu Ende gedacht ist für die Betroffenen."

Nun hat auch Alex Ploner seine politische Agenda und möchte, wie fast jeder praktizierende Politiker, wiedergewählt werden. Das gehört zum politischen Tagesgeschäft und ist sein gutes Recht. Zumindest ist er aber einer der wenigen Politiker, die Themen rund um Menschen mit Behinderung überhaupt auf die politische Agenda bringen und Kollegen und Kolleginnen aus dem Landtag mit ihren Aussagen der Vergangenheit und dem, was bisher de facto umgesetzt worden ist, konfrontiert.

Bahnhof Brixen: immerhin ein barrierefreies Gleis

Am Bahnhof in Brixen ist ein Gleis barrierefrei, nämlich Gleis 1. Leider fährt auf Gleis 1 nie ein Zug. Wer einmal, egal von woher, am Bahnhof Brixen ein- oder ausgestiegen ist, wird sich erinnern, dass man immer an Gleis 2 oder 3 ein- und aussteigt. Der Bahnhof ist somit „barrierefrei", aber nur in der Theorie.

Landesrat für Mobilität Daniel Alfreider sagt, der Ball liegt bei der italienischen Eisenbahngesellschaft RFI. Alex Ploner ist auch hier hartnäckig gewesen: „Wenn ich den zuständigen Herrn Alfreider frage, warum der Zug von Norden kommend nicht auf Bahngleis 1 einfahren kann, das inzwischen barrierefrei umgebaut wurde, dann wird geantwortet: Geht nicht, aus fahrplantechnischen Gründen. Jetzt muss bitte mal einer erklären, was es mit fahrplantechnischen Gründen zu tun hat, wenn man eine Weiche stellen muss, dass der Zug halt auf Gleis 1 statt auf Gleis 2 einfährt."

Der Bahnhof Bozen, immerhin die Landeshauptstadt, ist wiederum überhaupt nicht barrierefrei, auch nicht der Bahnhof Brenner. Was sagt der zuständige Landesrat Daniel Alfreider dazu? „Erstens ist viele Jahre lang überhaupt nichts weitergegangen. Wir haben dann mit RFI die Verhandlungen aufgenommen. Beim Bahnhof Bozen wird es irgendwann sowieso einen neuen Bahnhof geben. (...) Dieser Bahnhof braucht dringend ein neues Gesicht, mit neuen Zugängen für Fahrräder und Menschen mit Beeinträchtigung. Deshalb werden hier nicht mehr großartig Investitionen gemacht. Aber man muss auch sagen, so lange können wir nicht warten. Deshalb sollen Gleis 3 und 4 heuer noch barrierefrei gebaut werden." (Interview vom Mai 2024)

Nochmal zusammengefasst: Laut dem Portal *Südtirol für alle,* das einen Überblick über barrierearmen Tourismus und Informationen auch zu Bahnhöfen in Südtirol gibt, sind folgende größere Bahnhöfe in Südtirol *nicht* barrierefrei: der Grenzbahnhof Brenner, die Bahnhöfe Sterzing, Fanzensfeste (mit Anschluss an die Pustertaler Bahn), Brixen sowie der Bahnhof der Landeshauptstadt Bozen. Nicht aufgeführt sind die vielen kleinen nicht barrierefreien Bahnhöfe. Die Pustertaler Bahnlinie ist weitestgehend barrierefrei, leider aber der Umstieg in Franzensfeste nicht. Dafür punktet die Pustertaler Bahnlinie auch noch mit barrierefreiem WC. Höchste Standards an Barrierefreiheit beim Zustieg bietet die Vinschger Bahnlinie. Allerdings ist hier wiederum das WC nur mit Hilfe zugänglich. Über die WCs auf der Brennerbahnlinie finden sich keine Informationen auf der Seite von *Südtirol für alle.* Die Bahnhöfe Lajen/Waidbruck, Leifers und Auer sowie Klausen zeichnen sich durch gute Barrierefreiheit aus. Der Bahnhof Meran ist barrierefrei, so wie auch einige andere

Bahnhöfe auf der Linie von Bozen nach Meran. Wie kommt man aber nach Meran, wenn doch weder der Bahnhof in Bozen noch der Bahnhof in Terlan barrierefrei sind? Man kann als mobilitätseingeschränkte Person also nur mit viel Recherche im Voraus mit dem Zug durch Südtirol fahren. Und man darf hoffen, nicht auf die Toilette zu müssen, außer man fährt auf der Pustertaler Bahnlinie.

Alex Ploner hat für die aktuelle Barrierefreiheit der Südtiroler Bahnhöfe harte Worte: „Die lügen uns seit Jahren an. Die Betroffenen müssen wieder ein paar Jahre warten, bis zum Beispiel der Brixner Bahnhof barrierefrei ist, der übrigens als Bahnhof des Jahres 2022 ausgezeichnet wurde. Und hier spielt jeder mit. Hier spielt jeder mit, damit sie ihre Fotos in der Zeitung bekommen."

Das Schulbus-Chaos

„Am Ende kommt ein Chaos raus und auf wessen Rücken wird es ausgetragen? Auf dem unserer Kinder und dem der Eltern. Es wird am Ende ganz viel auf die Eltern abgeschoben."

Angelika Stampfl, Mutter und AEB-Präsidentin

Mitten in das vergangene Schuljahr 2023/24 platzte die Neuausschreibung des Transportdienstes für Schülerinnen und Schüler mit Behinderung. Vergeben wurde an das Unternehmen Alpin Bus Service SRL statt an den Vorgänger Adlatus – Verein für Menschen mit Beeinträchtigungen EO und Easy mobil GmbH. Es kam zum

Chaos beim Fahrbeginn, das Eltern und Schülerinnen und Schüler mit Behinderung ausbadeten. Verspätungen und Mängel ohne Ende. Die Eltern der im Stich gelassenen Schülerinnen und Schüler veröffentlichten einen offenen Brief und sammelten Unterschriften. Man werde jetzt auf jeden Fall vor der ersten Busfahrt im neuen Schuljahr viel genauer hinschauen, sagte Richard Paulmichl, stellvertretender Direktor der Abteilung Bildungsförderung, nach dem Chaos um den Transportdienst für Schülerinnen und Schüler mit Behinderung. Wenn es dann während der ersten 14 Tage nach Dienstbeginn wieder schlecht laufen würde, dann werde dies Konsequenzen nach sich ziehen. So zitiert das Onlineportal salto.bz Paulmichl.

Eine schöne Perspektive für Eltern von Kindern mit Behinderung. Es klingt, als erwarte man fast schon, dass es wieder zu Problemen kommen werde. Probleme, die in diesem Kontext offensichtlich in Kauf genommen werden. Eltern von Kindern mit Behinderung, die, wie Eltern von Kindern ohne Behinderung auch, Kontinuität im Transport, Sicherheit und keine Alltagskatastrophen erwarten, die sie (wieder einmal) daran hindern könnten, ihrem Beruf nachzugehen oder auch einfach nur ihrem Leben. Probleme beim Transport zur Schule, für Menschen, Schülerinnen und Schüler mit Behinderung, für die zum Beispiel aufgrund ihrer Behinderung Routine extrem wichtig ist. Aber in Summe ist das Hauptproblem an der Thematik rund um Alpin Bus, dass das Recht auf zugängliche Bildung in gleichem Ausmaß für Kinder mit Behinderung wieder einmal außer Acht gelassen wird. Wenn zum Beispiel Verspätungen in Kauf genommen werden, wenn man schon von Anfang an vonseiten der Transportierenden damit rechnet, dass es zu Verspätungen kommen kann, weil ein Transportdienst nicht vor Fahrtbeginn entsprechend organisiert ist, dann stellt man die Bedürfnisse von Schülerinnen und Schülern mit Behinderung hintan. Man stelle sich einmal vor, obige Aussagen würden für alle nicht behinderten Kinder getroffen werden. Wie würde da die Reaktion ausfallen? Nun, auf dem Rücken von Schülern und Schülerinnen mit Behinderung kann man es ja machen. Denn der Protest, der Artikel in den Tageszeitungen und die Meldung im Radio, die sind nach wenigen Tagen wieder in der Versenkung verschwunden.

„Ich drücke dann immer den SOS-Knopf"

Anna Faccin besteht mittlerweile auf ihrem Recht (um mehr über Anna zu erfahren, siehe Frage 4). Sie besteht auf ihrem Recht, mit dem Rollstuhl sicher ein- und aussteigen zu können, denn ihr Rollstuhl entspricht ihren Beinen. Damit die Barrierefreiheit beim Ein- und Ausstieg auch wirklich gewährleistet werden kann, finden Zugführer an den Bahnhöfen Hinweisschilder, die ihnen den genauen Punkt anzeigen, an dem sie halten müssen. „Aber sie tun es nicht. Das heißt, sie halten oft falsch. Ich steig dann da nicht aus. Dann drücke ich den SOS-Knopf. Ich frage jemanden, sich in die Tür zu stellen, damit die Tür nicht mehr zugeht. Dann muss der Zugführer kommen – das dauert oft lange, drei, vier

Minuten, das ist viel für einen Zug – und mich fragen, was da jetzt los ist. In der Zwischenzeit haben schon viele Leute gefragt: Kann ich helfen, ich hebe Sie hinunter und so weiter. Ich will das nicht. Mein Rollstuhl sind meine Beine. Ich will nicht angefasst werden. Natürlich, wenn es brennt, dann muss es halt sein. Aber sonst gibt es einen anderen Weg."

Sprachliche Barrieren

„Wenn die Kommunikation nicht passt, werde ich nervös, und die Person, die mich behandelt, auch. Ich gehe oft ins Krankenhaus, das ist sehr schwierig. Wenn ich zum Beispiel zu einem Arzt gehe, der nicht Bescheid weiß, was ich als gehörlose Person für Bedürfnisse habe und wie er mit mir kommunizieren kann."

In einem dreisprachigen Land wie Südtirol wird viel über Sprache diskutiert. Dass mindestens Deutsch und Italienisch, im besten Fall aber auch das Ladinische vertreten sind, hat politischen und gesellschaftlichen Wert. An Menschen mit Gehörlosigkeit scheint dabei niemand zu denken. Ganz selten wird überhaupt gedolmetscht, Behörden sind generell gebärdenlos.

Veronika Wellenzohn lebt mit ihrem Partner in Meran, beide sind gehörlos. Zusammen mit Gebärdendolmetscherin Caterina Zaccari besuche ich sie in ihrer Wohnung. Veronika hat sich gut überlegt, ob sie ein Interview geben möchte. Sie hat sich aber dann dazu bereit erklärt. Innerhalb der Behinderten-Community, das erzählen mehrere Betroffene, werden gehörlose

Veronika Wellenzohn ist gehörlos seit ihrer Geburt. Sie kommuniziert mit der Gebärdensprache. In Südtirol gibt es nur ganz wenige Dolmetscher für Gebärden. Unser Gespräch fand mit einer Dolmetscherin statt.

Veronika ist Mutter von hörenden Kindern.
Lernen Sie Veronika hier persönlich kennen:

Personen gerne vergessen, denn ihre Behinderung ist auf den ersten Blick unsichtbar. Wenn Barrierefreiheit auch Sicherheit bedeutet, dann bedeuten Barrieren zum Beispiel auch, dass der Zugang zu medizinischer Versorgung deutlich schwieriger ist. Das bestätigt Veronika. Wenn sie ins Krankenhaus muss, dann muss sie für ihre:n Dolmetscher:in selbst aufkommen. Das heißt, sie muss ihn oder sie selbst organisieren und auch selbst bezahlen. Eine einfache Variante könnte sein, dass es in den drei größten Krankenhäusern des Landes eine Person gibt, zumindest zu den Geschäftszeiten, die mindestens einige Grundgebärden kann.

Dass in Südtirol Gebärdensprach-Dolmetscher:innen selbst bezahlt werden müssen, liegt unter anderem daran, dass Gebärdensprache nicht als eigene Sprache anerkannt ist. Trotzdem: Eine gehörlose Person hat das gleiche Recht auf eine gute und korrekte Behandlung wie die hörende Person. Es ist diskriminierend und finanziell ungerecht, wenn eine gehörlose Person, die für ihre Gehörlosigkeit ja nichts kann, die dolmetschende

Person, die ihr die Kommunikation mit dem behandelnden Personal ermöglicht und somit eine sichere Behandlung garantiert, selbst bezahlen muss. Der Sanitätsbetrieb könnte zum Beispiel auch so argumentieren: Eine gute Kommunikation mit dem Arzt oder der Ärztin schafft die Voraussetzung für eine gute Behandlung. Behandlungsfehler, zum Beispiel aufgrund von nicht angesprochenen Symptomen oder zu wenig Zeit in der Behandlung, weil durch die Sprachbarriere Stress entsteht, können vermieden werden und somit auch Folgekosten.

Veronika Wellenzohn ist eine selbstständige, direkte Frau. Sie steht für sich ein, bezahlt und organisiert sich eine:n Dolmetscher:in. Was passiert aber, wenn Frau Wellenzohn ungeplant ins Krankenhaus muss, zum Beispiel über die Notaufnahme? Wer übersetzt dann für sie? Das fehlende Bewusstsein für Gebärdensprache als Sprache, die fehlenden finanziellen Ressourcen dafür sind in letzter Konsequenz ebenso wie architektonische Barrieren Vermeidung von Teilhabe und erhöhen das Sicherheitsrisiko für Menschen mit Behinderung.

Visuelle Barrieren

„Früher habe ich viel Hilfe gebraucht, um von A nach B zu kommen. Jetzt werde ich auch noch manchmal begleitet. Nicht nur, damit ich etwas Neues kennenlerne, sondern auch einfach damit ich schneller bin."

Lea di Vieste, Betroffene

Menschen mit Voll- oder Teilblindheit oder anderen Sehbeeinträchtigungen sind auf akustische Signale oder Blindenleitsysteme angewiesen. Die gibt es aber nicht überall. Lea di Vieste und Magdalena Hofer haben beide eine Sehbeeinträchtigung. Damit sie eigenständig ihre Wege erledigen können, brauchen sie viel Vorbereitung. Zusammen mit einer sehenden Person versuchen sie, sich neue Wege einzuprägen. Anhand von Orientierungspunkten können beide in der Folge Wege alleine zurücklegen.

„Ich habe schon das Gefühl, dass es mittlerweile mehr Sensibilität für Sehbeeinträchtigungen gibt. Aber ich mache dir mal ein Beispiel: Ich studiere in Trient und wenn es zum Beispiel einen Gleiswechsel gibt, dann sagen sie es manchmal durch und manchmal nicht. Das ist für mich ein großes Problem", erzählt

Lea di Vieste studiert Geschichte in Trient. Den Weg dorthin macht sie allein, das ist ihr wichtig. Sie würde später gern einmal in einem Museum arbeiten.

„Mein Ziel generell ist es einfach, möglichst autonom zu sein. Obwohl gerade wir als sehbehinderte Menschen oft begleitet werden müssen." In einer idealen Welt wären für Lea vor allem auditive Hilfen in der Umgebung besser ausgebaut und zuverlässiger, wie zum Beispiel Ansagen in Bus oder Bahn. Lea hilft auch manchmal im Blindenzentrum bei der Aufklärungsarbeit für Schulklassen.

Lea. Diese mangelnde Kommunikation ist für alle Menschen mit Behinderung ein Problem. Es ist zum Beispiel vorgekommen, dass Lea gemerkt hat, dass der Zug stehen geblieben ist. Sie habe aber gewusst, dass sie noch nicht an ihrer Zielhaltestelle angekommen sein konnte. Ohne erklärende Durchsage konnte sich Lea nur mithilfe einer Person, die erkannt hat, dass Lea Informationen brauchen würde, zurechtfinden und ihre Reise fortsetzen. „Genauso ist es im Bus: Manchmal sagen sie die Haltestellen an, manchmal nicht. Oder sie sind irgendwie in der falschen Reihenfolge, das passiert mir auch."

Für Lea und Magdalena sind die akustischen Hilfen im Alltag überaus wichtig. Wenn die Ansage im Bus beispielsweise nicht stimmt, dann steigen sie falsch aus. Dann ist es extrem schwierig, ihre eigenständige Orientierung zurückzuerlangen. Manchmal greifen Lea und

Magdalena Hofer ist 24 Jahre alt und hat seit ihrer Geburt eine Sehbeeinträchtigung.
„Ich bin sehr aktiv im Bereich Mobilität und Sehbeeinträchtigung. Es dauert schon immer lang, bis Sachen umgesetzt werden. Aber man wird schon  gehört. Wir müssen kommunizieren, was wir brauchen, dafür setze ich mich ein, aber nicht nur für mich, sondern vor allem auch für andere, die das nicht können."
Lernen Sie Magdalena hier persönlich kennen:

Magdalena dann auf Google Maps zurück, aber auch das funktioniert für sie nicht immer problemlos. Und häufig bleibt dann nur ein Anruf bei jemandem, der sie abholt. „Ich habe manchmal auch das Gefühl, dass sich die Gesellschaft im Allgemeinen einfach nicht kümmert um Barrierefreiheit. Ein Beispiel: Manche Ampeln haben ein akustisches Signal, manche nicht. Das ist einfach so willkürlich."

Die Bedürfnisse von Menschen mit Behinderung an Barrierefreiheit können sich stark unterscheiden. Treppen können beispielsweise für mobilitätseingeschränkte Personen schwierig sein. Für Menschen mit Sehbehinderung sind sie unter Umständen leichter zu bewältigen. Aber auch eine kontrastreiche Umgebung kann Menschen, die eine Restsehfähigkeit haben, helfen.

Fragen für den Alltag

Kann ich auf dem Behindertenparkplatz stehen, wenn es sich um einen Notfall und nur fünf Minuten handelt? Kann ich im Zug auf dem Platz für den Rollstuhl stehen, nur bis zur nächsten Haltestelle? Kann ich im Bus den Platz, der für behinderte Personen reserviert ist, haben?

Die Antwort auf alle diese Fragen ist: nein. Wenn Sie auf dem Parkplatz für Fahrzeuge von Menschen mit Behinderung parken, passiert folgendes: Eine Person kann nicht pünktlich zu ihrem Termin kommen, weil Sie auf ihrem Parkplatz stehen. Die Person kann auf einem Standard-Parkplatz nicht aus dem Auto aussteigen. Sie kann auch nicht mal schnell am Straßenrand parken. Denn sie braucht Platz, um neben sich den Rollstuhl zu positionieren, um rauszukommen. Oft haben Menschen mit Behinderung auch einen Greifarm als Ausstiegshilfe. Die Person muss eine Strecke zurücklegen, die für sie zu lang ist. Eine Person ohne Behinderung meint: Ich habe ja nur fünf Minuten auf dem Parkplatz für Menschen mit Behinderung geparkt. In fünf Minuten ist er ja frei. Für einen Menschen mit Behinderung heißt es aber: Ausschluss. Teilhabe unmöglich. Weil diese Person eben nicht einfach irgendwo anders parken kann. Vielleicht ist eine Person mit dem Recht auf einen Parkplatz für Behinderte auch in der Lage, ohne Rollstuhl zu laufen, ist aber auf kurze Strecken angewiesen. Dann versagt ihr der Falschparker den Nachteilsausgleich.

Wer im Zug auf dem für den Rollstuhl reservierten Platz steht, hindert eine Person mit Behinderung daran, auszusteigen und ihren Rollstuhl gegebenenfalls zu sichern. Wer sich darauf verlässt, dass eine Person nach der Freigabe des Platzes fragt, erlegt der Person mit Behinderung auf, dass sie sich ja beschweren kann. Er schiebt also die Verantwortung auf diese Person ab, anstatt sich selbst zu hinterfragen. Das alles kostet den Menschen mit Behinderung vor allem eines: Ressource. Kraft- und Zeitressource, auf die diese Person den gleichen Anspruch hat wie ein Mensch ohne Behinderung. Aber auch der Sicherheitsaspekt wird einfach beiseitegeschoben.

Wer eine Toilette für Menschen mit Behinderung benutzt, nimmt grundsätzlich ein Recht für sich in Anspruch, das ihm eigentlich nicht zusteht. Denn eine nicht behinderte Person braucht weder einen Griff, um sich auf die Toilette zu heben, noch ausreichend Platz, um einen Rollstuhl zu navigieren, und auch keinen Alarmknopf. Anders gelagert ist der Fall natürlich, wenn sich in der Toilette für Menschen mit Behinderung zum Beispiel ein Wickeltisch befindet. Denn Toiletten für Menschen mit Behinderung sind häufig auch mit besseren Sanitäranlagen ausgestattet oder einem zusätzlichen Waschbecken. Das kann zum Beispiel auch hilfreich sein für Frauen, die gerade ihre Menstruation haben.

Viele werden sich fragen: Aber wie soll man das denn alles umsetzen? Ausreichend Personal, Durchfinanzierung, barrierefreie Umbauten, persönliche Assistenz, leichte Sprache: Das alles kostet.

Die Antwort darauf ist: ja! Die grundsätzliche Frage ist aber nicht die, ob wir „das alles" irgendwann bezahlen können. Die Grundsatzdebatte muss sein, was wir denken wollen und welche Visionen wir zu entwickeln bereit sind. Wollen wir Menschen mit Behinderung im ersten Arbeitsmarkt haben? Wollen wir eine inklusive Gesellschaft sein? Oder wollen wir eine offenkundige Ungleichbehandlung inmitten unserer – angeblich – offenen, aufgeklärten Gesellschaft haben?

Was ist also wirkliche Barrierefreiheit?

Wirkliche Barrierefreiheit denkt verschiedene Arten von Behinderung und unterschiedliche Realitäten mit. Es gibt architektonische, visuelle und sprachliche Barrieren. Barrierefreiheit gibt Menschen mit Behinderung die Möglichkeit, am Leben teilzunehmen, ohne ein Sicherheitsrisiko einzugehen oder vorher großen Planungsaufwand zu betreiben. Menschen ohne Behinderung haben häufig ein eindimensionales Bild von Barrierefreiheit. Uns ist nicht bewusst, welche Privilegien wir durch eine barrierearme Umgebung haben. Barrierefreiheit heißt auch, dass Menschen mit Behinderung sich sicher bewegen können und in einem Notfall gleich geschützt werden.

Frage 4

Welche Aussagen und Annahmen sind nicht ok?

Statt *mit* Menschen mit Behinderung zu reden, wird oft *über sie* gesprochen. Gerade so, als hätte diese Gruppe von Personen keine eigenen Stimmen, Werte, Ansprüche und Vorstellungen für ihr Leben. Das „Drüber-Reden", das man im Wortsinne auch als ein übergriffiges Darüber-Hinweg-Reden verstehen könnte, ohne dem Betroffenen zuzuhören und seine oder ihre Expertise wertzuschätzen, hat zur Folge, dass viele nicht behinderte Menschen ein eindimensionales Bild von Menschen mit Behinderung haben.

Helden oder Opfer

„Menschen mit Behinderung sind entweder Helden oder Opfer. Dazwischen ist die Gesellschaft. Und zusammen sind wir nicht."

Anna ist Mutter. Anna hat studiert. Anna arbeitet. Anna ist verheiratet. Anna hat eine Behinderung. Und Anna hat genug von einer einseitigen und visionslosen Darstellung von Menschen mit Behinderung in der Gesellschaft. Sie findet, dass Menschen mit Behinderung einfach nicht als Teil der Gesellschaft wahrgenommen werden. „Es ist immer nur die Mitleidsnummer. Das ist wirklich schlimm. Weil es auch die Selektion größer macht." Das, so Anna, führe nicht und nie dazu, dass Menschen mit Behinderung als vollwertige und gleichwertige Menschen wahrgenommen werden können.

„Wir sind richtige Helden, weil wir so schön malen. Aber zum Beispiel wird in den Medien nie ein Mensch mit Behinderung gefragt: Wen würdest du morgen wählen? Wir sind eine Sensation. Und solange wir nur eine Sensation sind, sind wir kein politisches Thema."

Auch Medien aktivieren gerne das Heldenbild von Menschen mit Behinderung. So erschien am 27. August 2024 auf der ersten Seite der Tageszeitung „Dolomiten", immerhin die meistgelesene Tageszeitung in Südtirol, ein Kommentar zu den Paralympics in Paris. Der Autor forderte darin die „dauergefrusteten und dauerdemotivierten" nicht behinderten Menschen auf, doch einmal die Paralympics im Fernsehen zu schauen. Denn dann „würden ihnen die Augen aufgehen, was

Anna Faccin ist eine junge Frau mit Behinderung. Sie hat die sogenannte Schmetterlingskrankheit und ist Präsidentin des Vereins Debra.
Sie arbeitet aktivistisch, versucht sich zu vernetzen. Anna findet, dass Menschen mit Behinderung nicht als Teil der Gesellschaft wahrgenommen werden. Sie setzt sich unter anderem für den Ausbau der persönlichen Assistenz ein.
Lernen Sie Anna hier persönlich kennen:

es bedeutet, das Schicksal selbst in die Hand zu nehmen. Um trotz Beeinträchtigung dennoch ein tolles Leben zu leben. Denn das sind Helden, wahre Helden". Außerdem schrieb der Autor, er könne mit dem Wort „Behinderung" nichts anfangen, weil es negativ und abwertend klinge. „Behinderung" ist die mittlerweile etablierte, von Menschen mit Behinderung selbst gewählte Bezeichnung, die einfach nur ihren Zustand beschreibt. Das Wort hat nichts Negatives, nichts Abwertendes. Dass Tageszeitungen dieses Narrativ weiterverbreiten und damit vervielfältigen, hilft Menschen mit Behinderung überhaupt nicht.

Datenschutz: nur für Nicht-Behinderte

„Dass ich immer angestarrt werde, ganz unverblümt, das geht mir schon auf die Nerven. Ich antworte dann immer ganz einsilbig, wenn mich Leute ansprechen. Einerseits finde ich, das gehört zu meinem ‚Datenschutz'. Das geht doch niemanden etwas an, was ich habe. Wenn sie neugierig sind, kann ich das andererseits verstehen. Aber oft werde ich richtig angestarrt."

Betroffener, 12 Jahre

„Als ich schwanger war, war es schlimm, mit meinem ersten Kind. Da sind sicher viele Leute aus den Wolken gefallen und haben gefragt: ‚Wie geht das?' (…) Ich wurde auf der Straße angesprochen und gefragt: ‚Aber der Mann, der ist schon normal, oder?' Ich habe dann geantwortet: Na ja, so normal, wie Männer eben sein können. Oder: ‚Und wie kommt das Kind raus?' Jedenfalls nicht aus der Nase, sagte ich dann."

Anna Faccin, Betroffene

Jeder Mensch hat ein Recht auf Privatsphäre. Auch Menschen mit Behinderung haben selbstverständlich dieses Recht. Sie geben es ohnehin oft auf, um Anrecht auf verschiedenste Unterstützungsmaßnahmen zu haben, sei es, um eine Funktionsdiagnose zu bekommen, sei es, um Leistungen der persönlichen Assistenz (siehe Frage 9) in Anspruch nehmen zu können. Sie sind aber niemandem im persönlichen Umfeld, in der Schule, in der Arbeit oder auf der Straße ihre Diagnose schuldig. Dass die nicht behinderte Person „etwas sieht", das sie als „behindert und irgendwie anders" einstuft, berechtigt sie nicht automatisch, intime Fragen zu stellen, wie: „Wie ist dein Kind in deinen Bauch gekommen?" Es besteht auch keine Berechtigung, nach der Diagnose oder Behinderung zu fragen.

Heidi hat diese Erfahrung oft gemacht: „Ich hab auch schon erlebt, dass Menschen mich einfach fragen, ob ich ein Contergan-Fall war. Wo ich mir denke, man fragt auch nicht jeden: Wieso trägst du eine Brille oder wieso hast du rote Haare oder warum bist du so klein? Es wird einfach immer gedacht, ja, man ist offen für alle, man ist halt so fragil und man hat keine Scham und man muss sich hier gefühlt vor allen nackt zeigen."

Menschen mit Behinderung wissen, dass sie behindert sind. Sie müssen niemandem darüber genaue Auskunft geben, welche Diagnose sie haben, welche Behinderung sie haben, warum sie behindert sind, oder wie sie in ihrem Leben zurechtkommen.

Für den Aktivisten Raul Krauthausen gibt es einen Spezialfall, nämlich neugierig schauende und fragende Kinder. Er gibt auf seiner Homepage Empfehlungen darüber, wie man speziell mit Kindern über Behinderung spricht, gerade auch dann, wenn sie ihre Fragen in aller Öffentlichkeit stellen. Krauthausen sagt, er fühle sich mit den Kindern, die ihre lauten Fragen stellen, solidarisch, denn es seien ja immerhin nur Fragen. Er ermutigt Eltern dazu, zu ihrer eigenen Unwissenheit zu stehen. Man könne auf die Frage eines Kindes zum Beispiel durchaus antworten, dass man nicht wisse, was die Person mit Behinderung genau habe. Man könne dann, so Krauthausen, auch dazusagen, dass das Kind die Person aber gerne fragen könne. Es sei außerdem wichtig, auch eine positive Konnotation mit Behinderung zu vermitteln, dazu gibt es für Kinder spezielle Literatur, die Inklusion thematisiert.

Komplette Offenlegung – und nicht nur einmal

Um spezifische Unterstützung zu bekommen, müssen Menschen mit Behinderung auf einen Teil ihrer Privatsphäre verzichten. In einer Funktionsdiagnose zum Beispiel, die ein Kind bekommt, und die ganz essenziell ist für die Anerkennung und Unterstützungsmaßnahmen in der Schule nach Gesetz 104, werden Dinge, die das private Lebensumfeld beschreiben, begutachtet. Leben die Eltern getrennt? Mit wem spielt das Kind? Geht es allein auf die Toilette? Der medizinische oder neuropsychologische Befund allein reicht für die Erstellung der Funktionsdiagnose nicht aus. Die Funktionsdiagnose wird dann, mit Einverständnis der Eltern, vertraulich an die Schule weitergegeben, zwischen Schulstufen eventuell erneuert und dann wiederum an die weiterführende Schule übermittelt. Nun kann man einwenden, dass möglichst viele Informationen notwendig sind, um eine umfangreiche Diagnose zu stellen. Die Zustimmung dazu ist kein Muss. Allerdings stimmen die allermeisten Eltern zu, denn sonst würde ein Kind mit Behinderung ja auf seinen Anspruch auf Inklusionsmaßnahmen verzichten müssen. Nur dürfen sich alle Eltern von nicht behinderten Kindern fragen, wie freigiebig man gegenüber fremden Menschen über die privat-persönliche Lebensgestaltung („Schläft Ihr Kind mit Ihnen im Bett?") sein muss.

Damit Eltern oder Angehörige als Arbeitnehmende Anspruch auf die Maßnahmen laut Gesetz 104 haben, also eine bestimmte Anzahl an Freistellungen vom Dienst, muss die Person mit Behinderung zusammen mit den Angehörigen vor die Ärztekommission. Auch wenn die Invalidität bestimmt werden soll, müssen beide vor der Kommission erscheinen. Hier müssen dann alle Befunde, die zuvor schon beim Antrag mit eingereicht werden, noch einmal im Original mitgebracht werden. Zahlreiche Betroffene erzählen von Rekurserfahrungen, denn wenn die Invalidität nicht bei der ersten Kommissionssitzung einen bestimmten Grad erreicht und das Ansuchen um Maßnahmen nach Gesetz 104 abgelehnt wird, kann man Rekurs einreichen. Das heißt dann: ein neuer Termin, gleiches Spiel. Im Prinzip könnte es reichen, medizinische Befunde, die zum Teil von hoch spezialisierten Zentren aus Italien oder aus dem Universitätsklinikum Innsbruck oder aus München eingereicht werden, vorzulegen. In Südtirol muss der „Patient" beziehungsweise der Mensch mit Behinderung aber persönlich vor die Kommission. Obwohl es sich laut Medizin und Befund häufig um nicht wieder heilbare Erkrankungen und Behinderungen handelt, werden die Maßnahmen nach Gesetz 104 dann in einigen Fällen auch nur für ein Jahr bewilligt. Der Mensch mit Behinderung kommt dann mit seinem Angehörigen im nächsten Jahr wieder vor die Kommission. Auch ein Kind, ob Kleinkind oder Jugendlicher, muss vor die Kommission, wie um zu beweisen, dass das, was medizinisch belegt ist, auch in der Realität stattfindet. Für viele Menschen mit Behinderung fühlt sich das an wie Schikane.

„Diese Menschen ..."

Wir und die anderen. Keine Gruppe in der Gesellschaft steht so abseits wie die der Menschen mit Behinderung. Das manifestiert sich in der Sprache, die zum Denken wird. Gegner des Genderns oder überhaupt einer sensiblen Sprache führen hier permanent das Argument ins Feld, Sprache habe keinen Einfluss auf Taten. Um beim Beispiel gendersensible Sprache zu bleiben, seien beispielsweise „Frauen immer mitgemeint". Die Forschung sagt anderes: Sprache formt sehr wohl das Denken. Sprache wird Realität. Genauso ist es auch bei Menschen mit Behinderung. Wer von „diesen Menschen" spricht, vervollständigt die Denkweise, dass Menschen mit Behinderung nicht ins „Wir", nicht in die Gemeinschaft der Nicht-Behinderten gehören.

„Schön, dass du auch da bist"

> „Manchmal denke ich, es ist wie mit einer Art Fast-Food-Empathie. Wie zum Beispiel zu sagen: ‚Es ist so schön, dass ich dich treffe. Du bist so inspirierend.' Oder: ‚Heute habe ich wieder etwas Gutes getan, heute habe ich eine Spende gemacht.' Menschen denken dann, dass sie Menschen mit Behinderung dadurch näher sind."
>
> Anna Faccin, Betroffene

Das Phänomen, das Anna hier beschreibt, kennen viele Menschen mit Behinderung gut. Im Englischen hat sich dafür ein Begriff entwickelt: *Inspiration Porn*, zu Deutsch: Inspirationsporno, was den Subtext ganz gut beschreibt. Geprägt wurde der Begriff 2014 von der Aktivistin Stella Young. Gemeint ist die abwertende, schnell konsumierte, wie Anna es formulierte, die Fast-Food-artige Inspiration, die Menschen ohne Behinderung meinen aus der Begegnung mit Menschen mit Behinderung zu ziehen. Menschen mit Behinderung werden aufgrund ihrer reinen Existenz und Lebensumstände für alltägliche Dinge gelobt und bewundert. Das ganz normale Leben, die ganz normale Ausübung von

Rechten wird dann als besonders „inspirierend" empfunden. Menschen ohne Behinderung fühlen sich in
ihrem eigenen Leben, mit ihren eigenen vergleichs-
weise „kleinen" Problemen wieder besser. Zahlreiche
Behinderten-Aktivisten auch aus dem deutschsprachigen Raum machen immer wieder klar: „Meine Behinderung ist nicht deine Inspiration."

Anna zitiert ein weiteres Beispiel: „Zu mir haben
auch Menschen gesagt: ‚Wenn ich dich sehe, dann weiß
ich erst, was Gesundheit ist.' Wenn ich das herunter-
breche: Musst du nach Afrika fahren und ein hungern-
des Kind sehen, damit du weißt, was Essen bedeutet?
Wenn sich deine Empathie erst dadurch entwickelt,
durch diesen Vergleich, dann hat man ein Empathie-
Problem."

Inspiration Porn ist ableistisch, also behinderten-
feindlich und diskriminierend. Man muss Menschen
mit Behinderung nicht dezidiert sagen: „Schön, dass du
auch da bist." Man spiegelt dann nur wider, was Menschen mit Behinderung ohnehin wissen: dass sie eben
kein Teil unserer Gesellschaft sind und dass es etwas
Besonderes ist, wenn sie da sind.

Welche Aussagen und Annahmen sind also nicht ok?
Menschen mit Behinderung werden bestimmte Stereotype
auferlegt, die ihnen nicht entsprechen. Sie sind weder
nur Opfer noch nur Helden, wenn sie versuchen, ihr Leben
möglichst frei zu gestalten. Der Heldenmythos macht
deshalb viele Menschen mit Behinderung wütend.
Menschen mit Behinderung müssen große Teile ihres

persönlichen Lebens anpassen und offenlegen. Sie haben somit nicht das gleiche Recht auf Privatsphäre und Datenschutz, wenn sie um Unterstützung ansuchen. Aussagen wie: „Schön, dass du auch da bist" zeigen Menschen mit Behinderung, dass sie noch immer kein gleichberechtigter Teil der Gesellschaft sind. Denn es wird als etwas Besonderes angesehen, wenn sie teilnehmen.

Wie erfolgreich ist das inklusive Schulmodell in Südtirol?

„Unsere Kinder haben das Recht auf Bildung. Wir haben viel gekämpft, wirklich. Es wird von Ort zu Ort unterschiedlich sein. Aber oft hängt ganz viel von einzelnen Personen ab."

Barbara Anrather, Mutter eines Kindes mit Behinderung

Seit 1977 gibt es italienweit und damit auch in Südtirol die inklusive Schule. Die Provinz ist damit ihrem Nachbarn Österreich voraus. Dort gibt es nämlich, wie auch in Deutschland, noch immer das Förderschulenmodell, durch das Menschen mit Behinderung schon im Kindesalter segregiert werden. In der Schweiz gibt es beide Schulsysteme, ein Kind mit Behinderung kann eine Förderschule besuchen, aber auch eine Regelschule und wird dort unterstützt.

Ein großer Vorteil der inklusiven Schule: Kinder ohne Behinderung kommen schon früh in Berührung mit Kindern mit Behinderung. Sie lernen, Kinder mit Behinderung als Teil der Gesellschaft wahrzunehmen. Sie bauen außerdem Berührungsängste ab. Die Frage, wie man mit Menschen mit Behinderung kommunizieren soll oder kann, löst sich im Kindesalter schon anders auf.

Mehrere Berufsbilder

Um den Inklusionsgedanken in den Schulen konkret umsetzen zu können, gibt es mehrere Berufsbilder: zum einen die Lehrperson für Integration. Diese Lehrperson ist der ganzen Klasse zugeteilt, wenn diese Klasse eines oder mehrere Kinder mit Inklusionsbedarf hat. Die Lehrperson für Integration ist dafür zuständig, dass Inklusion im ganzen Klassenverband funktioniert. Sie kümmert sich zum Beispiel um besonderes Lernmaterial für den Schüler oder die Schülerin mit Behinderung. Sie unterstützt und berät die Lehrpersonen der anderen Fächer, wobei Inklusion und die speziellen Lernbedürfnisse von Kindern mit Behinderung immer eine Aufgabe des gesamten Lehrerteams sind. Gegenseitige Absprache ist hier also wichtig. Die Lehrperson für Integration ist auch verantwortlich für die Erstellung des Individuellen Bildungsplans, kurz: IBP. In diesem Dokument, das der gesamte Klassenrat und die Eltern unterzeichnen müssen, sind die Grund- beziehungsweise Ausgangskompetenzen des Schülers oder der Schülerin verschriftlicht. Außerdem sind im IBP Informationen zu den speziellen Herausforderungen und Bedürfnissen des Kindes aufgeführt. Er zeigt an, in welchen Fächern das Kind welche Unterstützungsmaßnahmen braucht und bekommt. Diese Unterstützungsmaßnahmen sind dann auch umzusetzen. Im IBP werden Lernziele für das kommende Schuljahr definiert. Bei der Sitzung, in der der IBP erstellt und schlussendlich unterzeichnet wird, müssen alle Mitglieder des Klassenrats anwesend sein, also auch die Lehrpersonen für Integration, außerdem die Eltern sowie der Mitarbeiter oder die Mitarbeiterin für Integration.

Die Mitarbeiterin oder der Mitarbeiter für Integration ist die zweite wichtige Figur, um Inklusion zu gewährleisten. Sie ist nur und ausschließlich dem Kind mit Behinderung zugeteilt. Die Unterscheidung zwischen Lehrperson für Integration und Mitarbeiter:in für Integration ist sehr wichtig, denn es handelt sich um unterschiedliche Ressourcen. Die Lehrperson für Integration ist im Prinzip eine Ressource für die ganze Klasse. Das bedeutet auch, dass die ganze Klasse von einer zusätzlichen Lehrperson profitiert, zumindest für eine bestimmte wöchentliche Stundenanzahl. Der Mitarbeiter bzw. die Mitarbeiterin für Integration ist zwar auch in der Klasse, ist aber wirklich nur für das Kind mit Behinderung zuständig. Diese Person übernimmt unter Umständen auch pflegerische Tätigkeiten, wie zum Beispiel die Begleitung auf die Toilette. Es kann sein, dass sie die Maßnahmen, die die Integrationslehrperson für die Schülerin oder den Schüler mit Behinderung getroffen hat, mit dem Schüler zusammen umsetzen muss. Sie kann einem Kind zum Beispiel bei der Bearbeitung der Lernmaterialien helfen. De facto bindet ein Kind mit Behinderung also Ressourcen, die aber in der Folge auch immer dem ganzen Lehrerteam und dem ganzen Klassenverbund, also auch allen Kindern, zugutekommen.

Im inklusiven Schulmodell gibt es zwei Bewertungsmöglichkeiten. Ein Kind kann entweder *zielgleich* oder *zieldifferent* bewertet werden. Zielgleich bedeutet, dass es im Grundsatz die gleichen Mindestziele erreicht wie die anderen Kinder, es darf dafür aber Unterstützungsmaßnahmen erhalten. Solche Unterstützungsmaßnahmen sind dann zum Beispiel mehr Zeit bei Prüfungen, grafische Hilfsmittel wie Tabellen, besonderes Schreibmaterial etc. Wird ein Kind zieldifferent bewertet, dann muss es nicht die gleichen Mindestziele erreichen wie die Mitschüler:innen. Dies wirkt sich dann auch auf die weitere Schullaufbahn aus.

Fehlendes qualifiziertes Personal

Um die Schulen bei ihrer Arbeit zu unterstützen, gibt es in der Pädagogischen Abteilung der Bildungsdirektion das Referat für Inklusion. Hier möchte man Ansprechperson oder Ansprechpartner für Lehrpersonen für Integration, Schulsozialpädagogen und -pädagoginnen, für Mitarbeiter:innen für Integration, aber auch für Eltern und Führungskräfte sein. Über das Referat für Inklusion werden auch die Ressourcen der Integrationslehrpersonen und auch der Mitarbeiter:innen verteilt, die den Schulen zugewiesen werden. Hier werden die Diagnosen gesichtet und dann einer Kommission vorgestellt. In einem zweiten Schritt wird dann wiederum ein Vorschlag für ein Stundenkontingent unterbreitet, der dann von der Bildungsdirektion unterschrieben wird. Schlussendlich werden die Schulen informiert, welche Ressourcen ihnen zugewiesen werden beziehungsweise welche Schülerinnen und Schüler sie bekommen. Die Kommission sei multidisziplinär besetzt, sagt Hansjörg Unterfrauner, der Leiter des Referats für Inklusion. Sie besteht aus Vertretern und Vertreterinnen des Sanitätsbetriebes, von Schulen, aus Schulführungskräften, Lehrpersonen und Mitarbeiterinnen und Mitarbeitern für Integration sowie auch Beauftragten der Bildungsdirektion. Der Prozess rund um die Ressourcenverteilung fängt schon lange vor dem nächsten Schuljahr an. Die Gratwanderung sei, so Unterfrauner, zu ermessen, wie viele Ressourcen effektiv benötigt würden. Man wolle auch keine Überbetreuung erreichen. „Also, es muss nicht immer jemand neben mir stehen und mir den Stift, der einmal runterfällt, aufheben, sondern es gibt auch bestimmt andere Möglichkeiten. Es soll sich nicht nur um diese Mitarbeiter:innen für Integration drehen, sondern es soll wirklich gemeinsam auf das Kind mit Beeinträchtigung geschaut werden."

Eine Lehrperson für Integration habe grundsätzlich eine ganz andere Ausbildung als Mitarbeitende für Integration, sagt Unterfrauner: „Diese Lehrpersonen sind von ihrer Ausbildung her, wenn möglich, Fachlehrpersonen mit einer Zusatzqualifikation." Die Lehrperson für Integration muss aber auch den Kontakt mit den Diensten halten und könnte ein Kind auch zu einer Therapiestunde begleiten, um weiterführende Informationen zu erhalten.

„Aktuell berechnen wir auf 100 Schüler:innen eine Integrationslehrperson. Wir haben an den staatlichen Grund-, Mittel- und Oberschulen circa 45.000 Schüler und darauf verrechnen wir also 450 Integrationslehrpersonen. Zusätzlich gibt es dann noch ein eigenes

Kontingent für Mitarbeiterinnen und Mitarbeiter für Integration."

Fakt ist, dass viele Stellen für Lehrpersonen für Integration sowie auch für Mitarbeitende für Integration über die „übrig gebliebenen" Supplenzstellen vergeben werden. Es gibt zu wenig Lehrpersonal für Integration und zu wenig Mitarbeiter:innen für Integration. Das bedeutet auch, dass Schüler:innen mit Behinderung und ihre Angehörigen am Ende eines Schuljahres in vielen Fällen nicht wissen, ob sie dieselbe Mitarbeiterin oder denselben Mitarbeiter für Integration auch im kommenden Jahr an ihrer Seite haben werden. Für viele Kinder mit schweren Behinderungen kann das ein Problem sein, gerade für solche, die auf Kontinuität angewiesen sind.

Man habe auf jeden Fall Bedarf an Lehrpersonen für Integration, das gebe er gerne zu, sagt Unterfrauner. Es sei ein Anliegen des Referats für Inklusion und auch der ganzen Bildungsdirektion, dass man einen weiteren Schritt zum qualifizierten Personal mache. Man versuche dranzubleiben. Die Bildungsdirektion bietet in Zusammenarbeit mit der Fakultät für Bildungswissenschaften der Universität Bozen einen spezialisierten Lehrgang für Lehrpersonen für Integration an. Ein besonderer Schwerpunkt wird dabei auf eine theoretisch-praktische Ausbildung in den Bereichen Psychopädagogik, Methodik und Didaktik sowie auch Technologie und Forschung gelegt. Man bemüht sich also einen Schritt weiter zur Qualifizierung zu machen.

Verzweifelte Eltern

Zum Schuljahresbeginn 2024/2025 zeichnet sich trotzdem das gleiche Bild wie jedes Jahr ab. Es fehlt an Mitarbeitern und Mitarbeiterinnen für Integration. Man habe weinende Eltern am Telefon, berichtet der Verein AEB, Aktive Eltern von Menschen mit Behinderung, die Angst haben, dass ihre Kinder im Schuljahr nicht oder nicht ausreichend betreut werden können.

Auf Nachfrage sagt Hansjörg Unterfrauner, dass man für Mitarbeiter:innen für Integration 20 Stellen mehr ausgeschrieben habe. Weil nicht alle Stellen vergeben worden seien, schaue es statistisch so aus, als würden mehr Mitarbeiter:innen fehlen als in den vorangegangenen Schuljahren. De facto habe man aber aufgestockt.

Alex Ploner, dem Landtagsabgeordneten vom Team K, ist das zu wenig: „Wenn man sagt: Ich habe ein Problem, ich finde keine Mitarbeiter für Integration, dann frage ich: Was habt ihr dagegen getan in den letzten Jahren? Wenn ihr die Menschen so behandelt in der Schule, wie sie behandelt werden, dann brauchen wir uns nicht wundern. Da gibt es Teilzeitstellen, wo zwei Stunden hier, zwei Stunden da frei sind, wo man für zwei Stunden nach Kastelruth oder wo auch immer rauffahren muss. Da sagt jede Frau: ‚So kann ich nicht arbeiten. So kann das nicht funktionieren.' Dass dann eine Mutter über Facebook Mitarbeiter:innen für Integration für ihre Tochter sucht ... Das ist wirklich passiert! Das System funktioniert hier einfach nicht."

Es gibt also einerseits zu wenig qualifiziertes Personal, dem versucht man laut Auskunft des Referats für Inklusion aber effektiv entgegenzuwirken. Dass das nicht von heute auf morgen geht, erklärt sich auch. Andererseits wissen die Schulen am Schuljahresende nicht, wie viele Stunden ihnen im kommenden Schuljahr wieder zugewiesen werden. Müsste die Bildungdirektion also einfach mehr Stunden zuweisen? Mit welchem Personal?

Der Landesrat für Deutsche Bildung, Philipp Achammer, kennt die Diskussion und die unterschiedlichen Bedürfnisse. „Da geht oft die Sichtweise zwischen Eltern und Schule auseinander, oftmals zu Recht, oftmals zu Unrecht. Wenn man also weniger Stunden zuweist, zentral, dann ist sozusagen doch der Auftrag, auch der Fachstelle für Inklusion: Die Schule muss schauen, den Rest in der Teilselbstständigkeit zu fördern." Nach dieser Logik muss die Schule also ihre Integrationsressourcen so einsetzen, dass das Kind möglichst selbstständig zurechtkommt und die Hilfsressourcen nur dann zum Tragen kommen, wenn das Kind sie wirklich benötigt. Achammer sagt weiter: „Jetzt sind wir am Knackpunkt. Natürlich wird die Schule sagen: Blödsinn, das geht nicht. Oder: Es geht eben schon. Wir sagen dann immer, Inklusion ist nicht nur eine Aufgabe des Mitarbeiters für Integration, sondern aller Lehrpersonen. Und da muss man auch andere Modi finden."

Stundenplanreduktion: am Rande der Gesetzmäßigkeit

Für Kinder mit Beeinträchtigung, Lernschwierigkeiten oder Behinderung laut Gesetz 104 bekommt eine Schule von der Bildungsdirektion ein Stundenkontingent zugeteilt. Das bedeutet, eine bestimmte Anzahl Stunden wird für einen Schüler festgelegt, die dann auf die Lehrperson für Integration und eventuell auch eine Mitarbeiterin oder einen Mitarbeiter für Integration aufgeteilt werden. Die Stunden, die ein Schüler oder eine Schülerin dann erhält, werden möglichst sinnvoll im Wochenstundenplan verteilt, sodass das Kind gut abgedeckt ist. Jedenfalls ist das die Grundidee. Ein einfaches Beispiel: Hat ein Kind eine Lernbehinderung, ist aber nicht mobilitätseingeschränkt, braucht es zum Beispiel keine Unterstützung beim Schulsport. Oder umgekehrt: Ein Kind mit einer Mobilitätseinschränkung, das sich mit dem Rollstuhl bewegt, aber eigenständig schreiben kann, braucht vielleicht im Religionsunterricht keine zusätzliche Hilfestellung. Dafür braucht das mobilitätseingeschränkte Kind Unterstützung in anderen Fächern. Nach diesem Modus könnte der Klassenrat die Stunden über die Schulwoche verteilen.

Aufgrund des beschriebenen Personalmangels fehlt es aber auch hier an allen Ecken und Enden. Für die eine oder andere Schule ergeben sich dann zwei Lösungswege, die beide nicht mit dem Gesetz für Inklusion von 2015 übereinstimmen. Um nicht direkt gesetzwidrig zu handeln, wird man gerne kreativ. Ein probates Mittel ist die sogenannte Stundenplanreduzierung: Die Schule bietet den Eltern an, den Stundenplan des Kindes mit Behinderung zu reduzieren, mit Zustimmung der Eltern. Dem voraus gehen Gespräche mit den Eltern, um ihnen die Gründe für die Stundenplanreduzierung zu erklären. Tina hat einen Sohn mit Trisomie 21. Seit Jahren holt sie Simon täglich eine Stunde früher von der Schule ab, denn er hätte sonst keine dezidierte Betreuung mehr. „Bevor er irgendwo rumsitzt oder Blödsinn macht, hole ich ihn lieber ab. Ich kann es mir beruflich ja einteilen." Tina kann es sich beruflich einteilen, das heißt, sie strickt ihren Alltag rund um die fehlenden Schulstunden. Auch weil sie möchte, dass Simon gut betreut ist, dass er nicht sich selbst überlassen wird. Die einvernehmliche Stundenplanreduzierung gibt es bei vielen Kindern mit Behinderung. Die Begründungen sind kreativ, das Kind sei zu schwach, könne sich zu Hause besser erholen, es sei klüger, das Pensum in der Schule zu reduzieren, um dafür die Kontinuität des Schulbesuchs zu gewährleisten. Fakt ist: Kinder mit Behinderung haben das Recht auf die gleiche Anzahl an Schulstunden wie Kinder ohne Behinderung. „Es klingt letztendlich oft so, als hätten das die Eltern selbst entschieden. Wir raten deswegen unseren Mitgliedern grundsätzlich, nichts in dieser Richtung zu unterschreiben", sagt Angelika Stampfl, Vorsitzende des Vereins AEB. „Außerdem wollen die meisten Eltern einfach das Beste für ihr Kind." Stampfl meint, dass wohl die allerwenigsten Eltern einen direkten Konflikt mit der Schule möchten und außerdem verhindern möchten, dass ihr Kind möglicherweise in der Zeit nicht ausreichend Förderung oder Unterstützung bekommt.

Es gibt keine rechtliche Grundlage, auf der die Stundenplanreduzierung haltbar wäre. Das bestätigt auch Landesrat Philipp Achammer: „Das ist absolut nicht in Ordnung. (...) Die Situation ist die, dass das Kind, der Jugendliche das Recht hat, dieselbe Zeit die Schule zu besuchen wie alle anderen auch." Inklusion, sagt Achammer, müsse eine Grundidee der ganzen Schule sein, „dringend sogar". Man könne Inklusion nicht auf die zwei Berufsbilder der Lehrkräfte und der Mitarbeiter:innen für Inklusion abschieben. Es gebe aber Absprachen mit den Eltern, in beider Sinne Stunden zu reduzieren, das räumt auch der Landesrat für Deutsche Bildung ein. Dieses „gegenseitige Einvernehmen" sichert die Schule rechtlich ab. Das Einvernehmen wird erzielt in einem Gespräch mit den Eltern, die aber erstens den Mechanismus dahinter erkennen müssen und sich dann in einem zweiten Schritt aktiv dagegen aussprechen müssen. Auch hier liegt die Verantwortung wieder bei den Eltern von Kindern mit Behinderung, ein Recht ihrer Kinder erstreiten zu müssen, gegen den Willen der Schule. Das erfordert wiederum: Investition in Zeit, Kraft, Kommunikation – für ein Recht, das bereits besteht. Heruntergebrochen heißt das, dass auch in der inklusiven Schule Kinder mit Behinderung benachteiligt sind, weil Recht, wenn nicht offen gebeugt, zumindest „aktiv wegberaten" wird.

Ähnlich ist es mit dem Übertritt in die Oberschule. In der Recherche für dieses Buch haben Eltern, die aus Gründen des Selbstschutzes anonym bleiben möchten, ihre Erfahrungen mit dem Übertritt ihres Kindes geschildert. In zwei örtlich weit voneinander entfernten ergo unabhängigen Schulsprengeln schrieben sie ihre Kinder in die vom Kind gewünschte Oberschule ein: In einem Fall folgten auf drei versuchte Einschreibungen drei Absagen. Auch im anderen Fall wurde ein Jugendlicher an mehreren Schulen abgelehnt beziehungsweise rieten die angefragten Schulen den Eltern stark vom Schulbesuch ab. Man könne diesem Kind nicht gerecht werden. Man darf sich nun die Frage stellen, was das mit den Eltern und vor allem mit den Jugendlichen selbst macht. „Keine Schule hat das Recht, ein Kind abzulehnen", sagt Landesrat Achammer zu solchen Fällen. Er gibt aber zu, dass es Schulen gibt, die offener gegenüber Schülerinnen und Schülern mit Inklusionsbedarf sind, und solche, die „bewusst wegberaten". Denn klar ist: Gesetzlich gibt es auch für die Ablehnung keinerlei Grundlage.

Auch Landeshauptmann Arno Kompatscher weiß von diesem Zustand: „Es gibt eine Haltung, wo man den Eltern oder den Betroffenen selbst so ziemlich mit allen psychologischen Tricks zu verstehen gibt: Nein, das bringt nichts, wir sind da absolut nicht die Richtigen. Und wir verfügen über das und jenes nicht. Aber das ist illegal, das ist nicht zulässig."

Ganz besonders oft landen Schüler:innen mit Behinderung in den berufsbildenden Oberschulen, bestätigt auch Landeshauptmann Arno Kompatscher: „Wir haben eine Auffälligkeit. Wir haben in den berufsbildenden Schulen einen wesentlich höheren Prozentsatz von Menschen mit Behinderung. Die landen dann praktisch dort, jetzt sage ich es so grob heraus."

Es sei nicht in Abrede gestellt, dass in bestimmten Fällen die berufsbildende Schule für Menschen mit Behinderung die richtige Wahl ist. Eltern bestätigen aber auch, dass sie häufig einfach froh sind, dass ihr Kind überhaupt einen Schulplatz hat, unter Umständen auch einen Schulplatz, an dem sich die Eltern und der Schüler oder die Schülerin mit Behinderung wohlfühlen mit dem Lehrpersonal, der Schulleitung und der Struktur.

Aber warum wehren sich die Eltern nicht gegen die „aktive Wegberatung" oder auch gegen die vom Prinzip her unzulässige Stundenplanreduktion? Wenn es mit der notwendigen Schlitzohrigkeit betrieben wird, dann ist beides zwar nicht direkt illegal, aber bewegt sich doch hart an der Grenze. Jedes Kind darf die Schule besuchen, die es möchte. Jedes Kind hat das Recht auf die gleiche Anzahl an Schulstunden wie ein Kind ohne Behinderung. Das Recht auf Bildung ist ein Grundrecht. Es gibt für beide Ausweichmanöver keine gesetzliche Grundlage.

Oft sind Angehörige und Schüler:innen selbst es aber leid, wieder und wieder, seit Jahren um bestehendes Recht zu kämpfen. Die Kraft fehlt, man möchte irgendwann auch leben und nicht nur kämpfen. Das ist der Grund, warum Eltern zu diesem Thema nur anonym sprechen. Und das ist auch der Grund, warum sie sich irgendwann nicht mehr wehren. Sie haben keine Ressourcen mehr. Sie fürchten, in diesem System nicht gewinnen zu können. Man gibt ihnen das Gefühl, dass für ihr Kind, für „dieses Kind" ja eh „schon viel getan werde". Es sei eh schon ein enormer Aufwand betrieben worden für „dieses Kind". Der Kampf um das Grundrecht verliert den heroischen Glanz, den er nie hatte.

Gleiches Maß?

Im Sommer 2023 gab es einen prominenten Fall im Grundschulsprengel Gries in Bozen, als eine Direktorin dem Vater eines Kindes italienischer Muttersprache empfahl, das Kind aufgrund seiner Sprachkenntnisse in eine italienische Grundschule einzuschreiben. Der Fall schlug Wellen, die Diskussion war schnell politisiert, aufgeheizt. Wegen einer Empfehlung. Dass Kindern mit Behinderung in bestätigten Fällen der Schulplatz verwehrt wird, und wenn er auch nur „aktiv wegberaten" wurde, um Landesrat Achammer zu zitieren, schlägt keine Wellen, keine medialen und keine gesellschaftlichen. Der Aufschrei fehlt, die Empörung fehlt. Man stelle sich den Fall vor: Wie wäre das, wenn plötzlich mehr Kindern der Schulplatz verwehrt würde, nicht behinderten Kindern? Würde das toleriert?

Wie erfolgreich ist das inklusive Schulmodell in Südtirol also?

Südtirol ist mit der inklusiven Schule ein Vorreiter in Europa. Allerdings klappt die Umsetzung der inklusiven Schule nicht immer so gut wie auf dem Papier vorgesehen. Manche Schulen machen es Schülern und Schülerinnen mit Behinderung schwer, ihr Recht auf Bildung einzufordern. Schülern und Schülerinnen mit Behinderung wird häufiger der Stundenplan reduziert und es wird ihnen schwerer gemacht, die weiterführende Schule zu besuchen, die sie wünschen. Viele Eltern von Menschen mit Behinderung sind erschöpft und haben keine Kraft mehr, das eigentlich bestehende Recht auf Bildung für ihre Kinder zu erkämpfen.

Warum müssen Menschen mit Behinderung im gesellschaftlichen System sichtbarer sein?

Bei aller Kritik sei aufgeführt: Es gibt Verbände, es gibt Vereine und Initiativen, es gibt das Engagement von Eltern von Menschen mit Behinderung. Viele dieser Initiativen sind lange gewachsene Strukturen, die Wichtiges leisten und im Laufe der letzten Jahrzehnte auch etwas erreicht haben. Genannt sei hier im Besonderen die Lebenshilfe (die unter anderem People First, der Selbstvertretung von Menschen mit Lernschwierigkeiten, eine Plattform gibt), Sozialgenossenschaften wie zum Beispiel independent L., Vereine wie der AEB (Aktive Eltern von Menschen mit Behinderung), Il Sorriso – Das Lächeln, Kinderherz, Debra und viele, viele mehr.

Menschen mit Behinderung haben trotzdem keine *laute* Lobby. Sie werden vertreten durch Vereine, durch das Ehrenamt. In nur wenigen Bereichen gibt es die Selbstvertretung, zum Beispiel auch im Südtiroler Monitoringausschuss. Aber auch die Lebenshilfe hat die Selbstvertretung integriert. Das Engagement von vor allem ehrenamtlichen Vereinsstrukturen sei nicht in Abrede gestellt. Eine breite Lobby ist meistens laut, anstrengend, präsentiert sich medial, provoziert manchmal, um ihre Interessen hörbar zu machen, und ist durchwegs gut finanziert. Für die Anliegen von Menschen mit Behinderung gibt es aber meistens keinen Platz, oft genug auch nicht in den Medien. Nur dann, wenn es einen konkreten Anlass gibt, dürfen Menschen mit Behinderung ihre Meinung sagen – so ein konkreter Anlass ist zum Beispiel der 3. Dezember, der Internationale Tag der Menschen mit Behinderung. Nur dann, wenn es zu einem Eklat oder Skandal kommt, dürfen Menschen mit Behinderung gehört werden. Meistens braucht es aber auch dann den Aufschrei in Form eines offenen Briefes von Betroffenen, damit ein Problem überhaupt wahrgenommen wird. Grundsätzlich gibt es wenig Fallbeispiele, wenig Menschen mit Behinderung, die selbst sprechen dürfen oder selbst gefragt werden.

Warum ist das ein Problem? Weil: Was nicht da ist, das gibt es nicht. Was nicht gelesen wird, wird nicht wahrgenommen. Was nicht ausgesprochen wird, wird nicht gehört. Und was nie im Fernsehen gezeigt wird, wird nicht gesehen. Wir sehen keine Lehrpersonen mit Behinderung. Wir sehen keinen Moderator mit Behinderung. Wir sehen keine Journalistin mit Behinderung. Wir sehen wenige Verkäufer:innen mit Behinderung. Wir sehen selten Forschende mit Behinderung. Wir sehen keine Ärztin mit sichtbarer Behinderung. Dabei geht es nicht darum, ob es irgendwo auf der Welt oder in unserem persönlichen Leben vielleicht doch in einem Lebensmittelgeschäft eine Kassiererin mit Behinderung gibt. Es geht vielmehr um die sichtbare Repräsentanz von Menschen mit Behinderung.

Generell muss man sagen: Wenn wir unter „Behinderung" nur den Rollstuhl in unseren Kopf lassen, bleibt es schwierig mit dem gesellschaftlichen Wandel. Behinderung hat viele Gesichter. Menschen mit Behinderung haben Expertise und Erfahrungswerte in bestimmten Bereichen, die unbezahlbar sind. Dass wir das erkennen, hängt aber auch davon ab, wie Menschen mit Behinderung dargestellt werden. Fragen Sie sich gerne selbst: Wo sehe ich Menschen mit Behinderung und wie oft?

Aufgestellt und nicht gewählt

„Ich wollte nicht in der Opposition kandidieren. Ich wollte etwas gestalten. Ich habe mein ganzes Leben lang viel auf den Weg gebracht. Da war die SVP die einzige Option, also für mich jedenfalls."

Martin Telser kandidierte bei den Landtagswahlen 2018 für die SVP – als einziger Kandidat mit offensichtlicher Behinderung. Für den Sprung in den Landtag hat es nicht gereicht. Martin sagt, er hätte gerne etwas

Martin Telser ist seit vielen Jahren für Menschen mit Behinderung im Einsatz. Er gründete zum Beispiel die Genossenschaft independent L. mit, arbeitete an der Barrierefreiheit der neuen Vinschger Bahn und war Präsident des Dachverbandes für Soziales.
Lernen Sie Martin hier persönlich kennen:

weitergebracht und erreicht, gerade im sozialen Bereich und für Menschen mit Behinderungen. Wenn er in den Landtag gewählt worden wäre, dann hätte die Sichtbarkeit einer Person mit Behinderung eine Perspektive sein können für andere Menschen mit Behinderung.

Wenn Martin Telser es geschafft hätte, in den Landtag einzuziehen, hätte das, wie er selbst beschreibt, vor allem den Vorteil gehabt, dass er sich aufgrund seiner Arbeit im Dachverband für Soziales und in der Genossenschaft independent L. gut im sozialen Bereich ausgekannt hätte. Telser hätte auch ein direkter Ansprechpartner nicht nur, aber zum Beispiel, für Menschen mit Behinderung im Landtag sein können. Das hätte grundsätzlich den Problemen von Menschen mit Behinderung mehr Sichtbarkeit gegeben. Wenn es gelingen würde, dass ein Mensch mit Behinderung in Zukunft im Landtag sitzt, dann hätte das aber auch noch einen anderen großen Vorteil: Es wäre offensichtlich, dass Menschen mit Behinderung Teil unserer Gesellschaft sind. Es würde deutlich machen, dass auch Menschen ohne Behinderung einen Menschen mit Behinderung wählen können, ihm ergo Verantwortung übertragen können. Eine Person mit Behinderung im Landtag, nicht nur in einem Gremium als Selbstvertretung, sondern wirklich in einer prominenten, öffentlichen Position, würde der allgemeinen Wahrnehmung von Menschen mit Behinderung äußerst guttun. Die Gesellschaft würde sich daran gewöhnen, dass Menschen mit Behinderung in jeder Position erscheinen und da sein können und dürfen.

Mehr Bewusstsein

Eine nicht behinderte Person hat Privilegien. Diese Privilegien, nämlich Zugang zu den eigenen Rechten zu haben, sich dieser bewusst zu sein, aber nicht darum kämpfen zu müssen, haben Menschen mit Behinderung nicht. So sieht es auch Thomas Karlegger, Gründer des Vereins „Die Lichtung" und stellvertretendes Mitglied im Monitoringausschuss für Menschen mit Behinderung. Ein Hauptproblem für Menschen mit Behinderung oder auch psychischen Erkrankungen, die im Monitoringausschuss auch vertreten werden, sei, dass der „Normalbürger", wie Thomas ihn nennt, kein Bewusstsein für Menschen mit Behinderungen habe. „Er denkt nicht einmal an die Personen mit Beeinträchtigungen. Das möchte ich ändern. Ich möchte, dass wirklich, sei es in den Medien, sei es beim Bau eines Gebäudes, dass da wirklich zentral dran gedacht wird. Dass alle Beteiligten einen Gedanken mehr verlieren über das obligatorische Dokument, das den Abbau von architektonischen Barrieren verlangt." Das, so Thomas Karlegger, wäre sein großer Wunsch: Dass sich im Denken von Menschen ohne Behinderung etwas verändert und erweitert. „Mehr Bewusstsein. Dass man, wenn man irgendwo langgeht, mal dran denkt: Hier könnte auch eine blinde Person langgehen."

Eltern und Angehörige

> „Ich sage immer: Oskar ist wie ein Erasmus-Student, der in seinem Gastland die Sprache nicht kann. Ich bin seine Dolmetscherin. Ich verstehe ihn einfach gut, kenne ihn gut und bringe das, was er sagen möchte, in unsere Welt. Er weiß manchmal selber nicht, wie er seine Gefühle ausdrücken kann. Dabei helfe ich ihm."
>
> Kunigunde Weissenegger, AEB, Schwester von Oskar Weissenegger mit Trisomie 21

Eltern, die Menschen mit Behinderung ins und teilweise lebenslang durchs Leben begleiten, haben eine eigene Position innerhalb des Systems. Sie müssen oft jahrelang für die Rechte ihrer Kinder kämpfen und erleben die Schwachstellen des Systems an vorderster Front. Sie sind diejenigen, die überall dann – oft über ihre eigenen körperlichen und mentalen Grenzen hinweg – da sind, wenn das System versagt. Angehörige und Eltern betreuen, wenn das System keine Betreuung garantiert, zum Beispiel wenn Kindern mit Behinderung in der Schule der Stundenplan reduziert wird. Sie finanzieren privat Therapien, wenn das System keine mehr vorsieht. Sie wehren sich, wenn es ungerecht wird. Sie fördern ihre Kinder von Geburt an zu Hause.

Dass Menschen mit Behinderung selbst ihre Stimme erheben können, selbst sprechen können, das ist vielen Betroffenen sehr wichtig. Gerade bei Menschen, die in ihrer Kommunikation eingeschränkt sind, ist es damit aber nicht getan, findet Angelika Stampfl, die Vorsitzende von AEB.

„Es gibt auch Menschen mit Behinderung, die aufgrund ihrer Behinderung nicht selbst sprechen können. Ich finde, in diesen Fällen wäre es gut, wenn zum Beispiel im Monitoringausschuss auch zumindest ein Elternteil oder Elternteile vertreten wären", sagt sie. Stampfl findet, dass hier am falschen Ort Maß genommen wird. Es fehle ein Ohr für die Eltern und auch die gesellschaftliche Anerkennung. „Oft wird uns Eltern aberkannt, dass wir uns jahrelang angestrengt und eingesetzt haben. Vieles, was unsere Kinder können, haben wir ihnen mitgegeben und für sie erkämpft. Manchmal wird gesagt: Irgendwann sind die Kinder selbstständig. Natürlich sind sie selbstständig, aber wir sind immer noch für sie da und kämpfen noch immer für sie. Wir haben als Eltern und Angehörige zum Beispiel im Monitoringausschuss keinen Platz. Wir kämpfen seit Langem darum."

Der AEB setzt sich seit vielen Jahren für Menschen mit Behinderung und für ihre Angehörigen ein. Der Verein organisiert Informationsveranstaltungen zu technischen Details wie Ansuchen und gesetzlichen Grundlagen, aber auch zu lebenspraktischen Themen, die Menschen mit Behinderung betreffen. Der AEB versucht sich immer wieder mit der Politik zu vernetzen, um wichtige Themen für Menschen mit Behinderung voranzutreiben. Trotzdem fühlt man sich im Verein als Eltern nicht immer ernst- und in aller Ausführlichkeit wahrgenommen.

Es gilt also eigentlich, drei Perspektiven zu unterscheiden: zum einen die Perspektive von Menschen mit Behinderung. Zum anderen die Perspektive von

Angehörigen von Menschen mit Behinderung. Und eine dritte Perspektive, die man mitdenken sollte, ist die von Menschen mit Behinderung, die aber in ihrer Kommunikation so eingeschränkt sind, dass ihre Angehörigen für sie als Sprachrohr fungieren. Menschen wie Kunigunde und Angelika verstehen sich als Dolmetscherinnen ihrer Geschwister oder Kinder. Kunigunde sagt, man bewege sich hier auf einem ganz schmalen Grat: „Ich versuche, gerade als Schwester, meine Rolle immer wieder gut zu reflektieren und mache mir wirklich sehr viele Gedanken darüber. Ich möchte nicht für Oskar sprechen. Ich helfe ihm einfach nur ganz oft, das zu sagen, was er sagen möchte." Gleichzeitig sind die Angehörigen und Eltern diejenigen, die alles versucht haben, um ihren Geschwistern oder Kindern mit Behinderung ein selbstbestimmtes Leben zu ermöglichen. In diesem Sinne sind Angehörige von Menschen, die auf Hilfe in der Kommunikation angewiesen sind, eigentlich spezialisierte Dolmetscher:innen und nehmen deshalb eine eigene Position ein.

Warum müssen Menschen mit Behinderung also im gesellschaftlichen System sichtbarer sein?

Die Gesellschaft nimmt Menschen mit Behinderung nicht als gleichberechtigt wahr. Entsprechend sind sie auch in gesellschaftlichen Positionen zu wenig vertreten und können ihre eigenen Erfahrungen nicht einbringen. Menschen mit Behinderungen werden nur dann gleichberechtigt wahrgenommen, wenn sie auch gleichberechtigt sichtbar sind. Nur selten kommen Menschen mit Behinderung in den Medien vor und dürfen mit ihrer eigenen Stimme sprechen. Nur wenn Menschen mit Behinderung auch hier sichtbarer werden, auch abseits von Themen, die sich nur um ihre Behinderung drehen, kann sich ein gesellschaftlicher Wandel einstellen.

Warum ist es nicht die Aufgabe von Menschen mit Behinderung, auf Diskriminierung hinzuweisen?

Stellen Sie sich vor, Sie sind der oder die Einzige in einer Gruppe mit einem bestimmten Merkmal. Nehmen wir an, es geht um die Farbe des T-Shirts, das Sie täglich tragen. Nun hinkt dieser Vergleich deutlich, denn ein T-Shirt können Sie jeden Abend ausziehen, eine Behinderung nicht. Aber einmal angenommen, alle tragen ein rotes Shirt, Sie tragen ein blaues. Sie haben schlichtweg kein rotes, vielleicht hatten Sie nie eines oder Ihr rotes Shirt wurde kaputt und man kann in diesem Leben nur ein rotes Shirt haben. Sie haben keinen Zugang zu einem roten Shirt. Sie können das Haus nur mit ihrem blauen Shirt verlassen. Sie gehen zur Arbeit und haben Ihre Kollegen, machen Ihren Job mit Hingabe und fachlicher Expertise. Immer wieder erleben Sie aber, dass Sie dezent oder direkt auf Ihr blaues Shirt hingewiesen werden. Nach einigen Wochen wird es anstrengend mit dem blauen Shirt. Sie selbst wissen es, die anderen wissen es, das Shirt an sich ist kein Problem, aber die Umgebung. Und immer wieder müssen Sie sich rechtfertigen, weil Sie an gewissen Tätigkeiten mit ihrem blauen Oberteil nicht teilnehmen können oder dürfen. Sie fragen sich, warum das blaue T-Shirt denn so ein Problem ist. Immer wieder vergessen die anderen um Sie herum, dass Sie ein blaues Shirt tragen, und gehen einfach darüber hinweg. Ja, sie machen sogar Ausflüge, an denen Sie nur mit rotem Shirt teilhaben könnten, weil Sie mit dem blauen nicht hinkommen. Sie stellen fest: Die anderen, die mit dem roten T-Shirt, die leben einfach ihr Leben. Sie nehmen eine Menge in Kauf, um teilhaben zu können. Hätten Sie nun Lust, regelmäßig darauf hinzuweisen, dass man Sie mal wieder ausgeschlossen, schief angeschaut oder Ihnen nichts zugetraut hat? Mit ihrem blauen Shirt haben Sie Rechte, die das ausgleichen, was Sie nicht können. Oder die Ihnen einfach nur das Dabeisein ermöglichen. Sie wissen, dass Sie ein blaues Shirt tragen, sie wissen es jeden Tag, wenn Sie morgens aufwachen. Manchmal ist es schwer, das blaue Shirt zu tragen. Sie haben sich selbst lange mit Ihrem blauen Oberteil auseinandergesetzt. Sie tun alles und viel mehr als die anderen dafür, dazuzugehören. Trotzdem gehören Sie nicht dazu, und das wissen Sie. Man lässt es Sie spüren. Aber Sie wissen auch: Sie haben Rechte.

Ressourcen

Menschen mit Behinderung werden strukturell diskriminiert. Sie wissen, dass sie eine Behinderung haben. Es ist unfair, die Verantwortung für das Aufzeigen von Diskriminierung und Ungleichbehandlung oder von diskriminierender Sprache Menschen mit Behinderung zu überlassen. Menschen mit Behinderung oder Angehörige müssen ihr Leben lang um selbstverständliche Rechte kämpfen. Sie sind nicht verpflichtet, eine diskriminierende Gesellschaft auf ihr diskriminierendes Verhalten hinzuweisen. Menschen dürfen sich als gewachsene und gebildete Wesen Gedanken darüber machen, wie sie mit anderen Menschen umgehen, welche ableistischen Gedanken sie haben und wie sie diese äußern. Behinderte Menschen sind nicht dazu da, andere Menschen zu erziehen und aufzuklären. Es kostet Kraft und ist demütigend, ständig auf Diskriminierung hinweisen zu müssen.

Warum ist es also nicht die Aufgabe von Menschen mit Behinderung, auf Diskriminierung hinzuweisen?
Menschen ohne Behinderung haben gesellschaftliche Privilegien. Weil sie diese Privilegien haben, haben sie auch mehr Ressourcen, denn sie müssen nicht täglich für ihre Rechte einstehen. Es steht jedem frei, sich weiterzubilden und sich Gedanken zu machen über Gruppen, die gesellschaftlich ausgegrenzt werden. Es ist ein Schritt zur Inklusion, wenn Menschen mit Behinderung nicht auf Diskriminierung oder Ableismus hinweisen müssen. Menschen ohne Behinderung können diskriminierende Aussagen hinterfragen und reflektieren und so zu mehr Gleichberechtigung beitragen.

Wie arbeiten Menschen mit Behinderung?

„Wir haben überhaupt keinen Plan. Laurin geht jetzt noch ein Jahr in die Oberschule. Wir wissen nicht, was dann kommt."

Barbara Anrather, Mutter eines Kindes mit Behinderung

Die inklusive Schule bietet Menschen mit Behinderung in Südtirol bis zur Beendigung ihres Schulabschlusses einen Rahmen. Eines der großen Themen für Menschen mit Behinderungen in Südtirol ist die Frage: Was kommt danach?

Die allermeisten Menschen mit Behinderung schaffen es nie in den ersten Arbeitsmarkt. Dabei ist das Recht auf Arbeit ein fundamentales. Simon hat es gut erwischt. Er arbeitet bei einer großen Firma im Raum

Laurin kam als nicht behindertes Kind zur Welt. Bei einem Eingriff am Herzen kam es zu einem Sauerstoffmangel. Seitdem hat Laurin eine komplexe Mehrfachbehinderung. Er braucht 24 Stunden Pflege. Laurin sind seine Bezugspersonen wichtig. „Eigentlich muss man nur offen auf ihn zugehen", sagt sein Vater.

Brixen. Er bewarb sich und wurde schnell zum Vorstellungsgespräch eingeladen. Die Firma zeigte Interesse. Simon ist Autist und hat ein besonderes Faible für Zahlen und Daten. „Ich kann mich sehr gut konzentrieren und das nutzt die Firma natürlich auch. Es macht mir sehr viel Spaß." Die Firma ist barrierefrei, digitalisiert und gut aufgestellt. Sie legt Wert auf ein angenehmes Arbeitsumfeld für ihre Mitarbeiter. Simon ist integriert, hat Kollegen, die sich auch um ihn kümmern. Er sitzt beim Mittagessen nicht alleine, er wird mit dem firmeneigenen Bus zur Arbeit gebracht und wieder abgeholt. Simon wird seinen Fähigkeiten und Qualitäten entsprechend eingesetzt.

Simon ist einer der wenigen Menschen mit Behinderung, die es wirklich in den ersten Arbeitsmarkt geschafft haben. Das hängt auch mit dem Bewusstsein seines Arbeitgebers zusammen. Dieser erklärte sich bereit, auf die Bedürfnisse von Simon einzugehen. Er hörte Simon zu, als dieser ihn auf Verbesserungsmöglichkeiten hinwies. Außerdem zeigte er eine Grundbereitschaft, Menschen mit Behinderung anzustellen.

Die vormalige Präsidentin des Monitoringausschusses für Menschen mit Behinderung, Michela Morandini, findet, dass der Bereich Arbeit für Menschen mit Behinderung immer noch einer der schwierigsten ist. „Für mich ist ganz klar, dass der Arbeitsmarkt, so wie er jetzt ausgelegt ist, eigentlich für eine sehr homogene Gruppe von Arbeitnehmern ausgerichtet ist. (...) Ich denke, Diversität ist ein wichtiges Thema am Arbeitsmarkt. Das, glaube ich, haben schon viele verstanden. Und das heißt, ich muss mich auf diverse Bedürfnisse auch einstellen, aber zurzeit ist es noch so, dass Arbeitgeber Angst haben, was auf sie zukommt. Und damit hängt auch ein Leistungsdenken zusammen. Leistung bringt, wer auch funktioniert, und funktioniert jemand mit einer Behinderung?" Das seien Faktoren, so Morandini, die noch immer dafür sorgen, dass der Arbeitsmarkt sehr homogen sei und zu sehr auf das Funktionieren ausgerichtet, so wie die Gesellschaft eben „Funktionieren" definiert. Es sei bekannt, sagt Morandini, dass es zum Beispiel in den USA Firmen gäbe, die ausschließlich mit Personen im Autismus-Spektrum zusammenarbeiten, weil sie ihre Fähigkeiten erkannt haben. Nach Morandini sei es eine Mischung aus vielen Faktoren, warum der Arbeitsmarkt sich nicht verändere. Einerseits sei es die Definition von Leistung und Leistung am Arbeitsplatz, die wir als Gesellschaft haben. Andererseits wirke die Angst vor etwas Neuem mit, also auch vor dem Diversen. Und schließlich auch die Grundsatzfrage: Wie stehen wir zu Diversität?

Der Sinn von Arbeit

Für einen Menschen ohne Behinderung ist die Sache ganz klar: arbeiten, um zu leben. Im allerbesten Fall macht Arbeit Spaß, entspricht den eigenen Fähigkeiten und Begabungen. Es ist heute möglich, auch aus einer bildungsfernen Schicht zu kommen und trotzdem einen hohen Bildungsgrad zu erreichen, wenn auch aufgrund der Bildungsschere für den ein oder anderen schwieriger. Aber grundsätzlich haben Menschen ohne

Behinderung die Möglichkeit, frei den gewünschten Bildungsgrad zu erreichen und dann, entsprechend ihren Potenzialen, zu arbeiten. Dafür werden sie bezahlt. Mit diesem Geld können sie ihren Lebensunterhalt bestreiten. Die bezahlte Arbeit hat nachfolgend Vorteile wie einen festen Arbeitsvertrag, Pensionsversicherung, Krankenversicherung, Krankenversicherung der Kinder.

Arbeit ist aber auch sinnstiftend. Sie gibt Struktur vor. Sie gibt Entwicklungsmöglichkeiten und Entwicklungswege vor. Diese Struktur fällt weg, wenn Menschen mit Behinderung nach der Schule plötzlich vor dem Nichts stehen. Das sieht auch Landeshauptmann Arno Kompatscher so: „Nach der Schule haben wir das große Problem. Und dann stellt sich die Frage: Was macht er, sitzt er bei uns zu Hause? Es ist ja grundsätzlich gar nicht schlimm, dass er zu Hause ist, darum geht es überhaupt nicht. Es geht um den Sinnverlust, den Menschen erleben, wenn sie keine Arbeit finden können. Wirklich um den Verlust der Teilnahme am Leben, das dann stattfindet. Schule, da habe ich eine Aufgabe, ich muss Schüler sein. Und danach, wenn es um Arbeit geht, da ist plötzlich: nichts."

An Alex Ploner wenden sich aufgrund seiner Umtriebigkeit im Landtag immer wieder Menschen direkt: „Da kommt der Vater zu mir und sagt: Schau, mein Sohn, 28, Behinderung, körperlich topfit, sucht eine Arbeit. Er hat ein Praktikum gemacht bei der Forstbehörde. Er ist ein Naturbursche, rennt auf die Berge, in den Wald, und er möchte doch gern bei der Forstbehörde arbeiten. Das Praktikum ist aber nach drei Monaten vorbei, es gibt keine offene Stelle. Die Forstbehörde ist ein öffentlicher Dienst. Der Landesrat kennt den Fall, hat aber nichts getan. Was passiert? Der junge Mann ist zu Hause, fällt in ein tiefes Loch, muss auf die psychiatrische Abteilung im Krankenhaus eingewiesen werden: medikamentöse Behandlung, tiefste Depressionen, Selbstmordgedanken. All das mit 28.“

Das Recht auf Arbeit

Grundsätzlich steht in der UN-Behindertenrechtskonvention: Alle Menschen haben das gleiche Recht auf Arbeit. Auch Menschen mit Behinderung dürfen arbeiten. Sie sollen mit Arbeit genug Geld verdienen. Von diesem Geld sollen sie leben können. Sie sollen in der Lage sein, ihre Arbeit selbst zu wählen und jede Arbeit machen können. Menschen mit Behinderung sollen genauso viel Geld verdienen wie Menschen ohne Behinderung. Sie sollen bei privaten und öffentlichen Arbeitgebern arbeiten dürfen. Arbeitgeber sind angehalten, Menschen mit Behinderung genauso anzustellen wie Menschen ohne Behinderung.

Das Gesetz Nr. 68 aus dem Jahr 1999 bestätigt die UN-Behindertenrechtskonvention auf staatlicher Ebene und untermauert die Unterstützung von Menschen mit Behinderung bei ihrer Arbeitssuche durch Fachpersonen. In Italien gibt es eine Pflichtquote zur Einstellung von Menschen mit Behinderung. Sobald ein Betrieb mehr als 15 Mitarbeiter:innen hat, muss er einen Menschen mit Behinderung anstellen. Die Quote der Anstellungen steigt proportional. Das Landesgesetz Nr. 7 „Teilhabe und Inklusion von Menschen mit Behinderungen" aus dem Jahr 2015 legt ebenfalls fest, dass Jugendliche mit Behinderung nach der Schulzeit leichter Arbeit finden müssen. Möglichst viele Arbeitgeber sollten Menschen mit Behinderung fest anstellen. Das Landesgesetz regelt auch Beiträge zur Unterstützung: für die barrierefreie Umgestaltung eines Arbeitsplatzes gibt es Geld für Arbeitgerber:innen, und Menschen mit Behinderung werden an der Arbeitsstelle unterstützt. Das Arbeitsumfeld kann zum Beispiel so gestaltet werden, dass ein Mensch mit Behinderung bestmöglich arbeiten kann, und die Arbeit als solche kann so ausgelegt werden, dass sie am besten den Kompetenzen einer Person mit Behinderung entspricht. Arbeitgeber:innen können sich Beratung holen, um komplexe Situationen gut zu lösen, und auch ein Mensch mit Behinderung kann sich beraten lassen.

Arbeit ist nicht gleich Arbeit

Eine Unterscheidung ist für das Verständnis und die Definition von Arbeit ganz wichtig: Man sollte genau hinsehen, ob von Arbeitsrehabilitationsdienst, Arbeitsbeschäftigung oder lohnabhängiger Arbeit gesprochen wird. Die allerwenigsten Menschen mit Behinderung befinden sich tatsächlich in lohnabhängiger Arbeit im ersten Arbeitsmarkt. Trotz gesetzlicher Verpflichtung zahlen viele Arbeitgeber lieber eine Strafe, anstatt Mensch mit Behinderung anzustellen. Auch die öffentliche Verwaltung bekleckert sich nicht mit Ruhm. Der Landessozialplan führt das Projekt 35+ vor, eine Initiative der öffentlichen Dienste, Menschen mit Behinderung anzustellen. Aktuell sind allerdings weniger als 200 Menschen mit Behinderung im öffentlichen Dienst angestellt.

Einen Schritt vorwärts gibt es aber doch: Die Landesregierung hat kürzlich beschlossen, dass ab 2025 die Beiträge für die Anstellung von Personen mit Behinderung in ein Prämiensystem abgeändert werden. So soll zum Beispiel eine Anstellungsprämie eingeführt werden, die die Bereitschaft belohnen soll, eine entsprechende Arbeitsstelle für Menschen mit Behinderung anzubieten. Außerdem soll es auch eine Stabilitätsprämie geben: Diese soll höher sein als die Anstellungsprämie, damit ein stabiles Arbeitsverhältnis gefördert wird. Nicht mehr die Höhe des Lohns soll für die Berechnung eines Beitrags ausschlaggebend sein, sondern die Höhe des Prozentsatzes der Invalidität.

Die Landesrätin für Arbeit, Magdalena Amhof, bestätigt den politischen Willen: „Das Ziel muss es sein, gerade junge Menschen auch wirklich in die Arbeitswelt zu bringen. Das ist im Moment ein riesengroßes Thema und eine ganz große Herausforderung. Viele Eltern sind einfach mit dieser Situation überfordert, plötzlich dazustehen und keinen garantierten Platz mehr zu haben für ihr Kind."

Das Problem mit den Werkstätten

„Menschen ohne Behinderung finden Behindertenwerkstätten super, zum Beispiel Kerzen aus einer Werkstätte zu kaufen, das ist so schön. Also, es ist tatsächlich ein schöner Parkplatz, ein guter, im Vergleich zu anderen Realitäten in Italien, aber es ist de facto ein Parkplatz, in dem Menschen mit Behinderung keinen Arbeitsvertrag haben, keine Pension, überhaupt keine Sicherheit, keinen Krankenstand, keine Elternzeit, keinen Mutterschutz."

Anna Faccin, Betroffene

„Ich arbeite in der Kunstwerkstatt Akzent in Bruneck. Ich male, zeichne und texte. Ich kann mir aussuchen, was ich mache. Ich bin von Montag bis Donnerstag von 8 bis 15 Uhr dort und am Freitag bis 13 Uhr. Unsere Kunstwerke werden auch verkauft. Vom Erlös eines Verkaufs bekommen wir jetzt 20 Prozent. Früher haben wir 10 Prozent bekommen."

Julian Peter Messner, Betroffener

Werkstätten für Menschen mit Behinderung sind für viele Menschen ein wichtiger Anlaufpunkt. Für Julian zum Beispiel, er hat Trisomie 21. Menschen finden in den Werkstätten ein soziales Umfeld, arbeiten und fühlen sich gebraucht. Die Werkstatt ist ihre Tagesstruktur.

In Julian Peter Messners Fall war die Arbeit in der Werkstatt vor allem auch in der Pandemie unglaublich wichtig. Auch seine Frau arbeitet dort. Julian ist sehr kreativ, nicht nur mit Worten, sondern auch auf Papier und auf der Leinwand. Die Kunst ist neben den Worten ein wichtiger Ausdruck für ihn.

Martin Telser hat seine Meinung über die Werkstätten im Laufe der Jahre angepasst: „Also ich war früher total gegen die Werkstätten, bis ich mir dann mal ein paar angesehen habe und festgestellt habe: Vielen Leuten, die dort sind, geht es sehr gut, also wirklich gut. Die haben Spaß und verstehen zum Beispiel auch nicht, was Urlaub ist. Die fragen sich, was tue ich jetzt, wenn ich zwei Wochen frei habe, wenn dieser Rhythmus unterbrochen wird. Also zum Beispiel gerade Leute mit Autismus oder mit Trisomie 21. Sie haben Bedarf an einer Struktur. Da habe ich mir selbst gesagt: Nein, wir brauchen diese verschiedenen Möglichkeiten der Arbeit." Für Menschen mit einer bestimmten Schwere der Beeinträchtigung, so formuliert es Landrätin Magdalena Amhof, ginge das Werkstätten-System gut. „Aber es ersetzt in keiner Weise eine Arbeit. Der Weg muss es sein, den Großteil der Menschen mit Beeinträchtigungen in Arbeit zu bekommen."

Eines sind Werkstätten aber auf gar keinen Fall: ein vollwertiger Arbeitsplatz. Menschen mit einem Werkstattplatz bekommen für ihre Arbeit ein Taschengeld oder ein Entgelt. Je nach Struktur beträgt dieses Taschengeld zwischen einem und zehn Euro pro Tag.

Die ehemalige Gleichstellungsrätin Morandini findet klare Worte dafür: „Es ist eine miserable Entschädigung. Nicht einmal Entschädigung. Und deswegen sage ich, Behinderung ist ein weiter Begriff, aber es gibt sicherlich Personen, die vermittelbar sind."

Dass sich das Taschengeld genauso nennt, eben „Taschengeld", hat einen Grund: Personen, die in einer Werkstatt arbeiten, gehen keiner lohnabhängigen Arbeit nach. Sie können ihren Lohn nicht einklagen. Ihnen fehlen damit fundamentale Rechte als Arbeitnehmer. Innerhalb des Systems hat das aber eine Logik. Denn die Werkstatt für Menschen mit Behinderung wird aus gutem Grund in Südtirol nicht als Arbeitsplatz, auch nicht als Maßnahme für die Integration in den Arbeitsmarkt verstanden, sondern als Betreuungseinrichtung. Das hat zur Folge, dass Menschen mit Behinderung für den Werkstattbesuch zahlen, die Höhe des Entgelts hängt von der Schwere der Behinderung bzw. dem Betreuungsaufwand ab. Das Geld, das sie dort verdienen, fließt also, wenn man so will, wieder zurück in die eigene Betreuung. Daraus folgt wiederum, dass Menschen, die in einer Werkstatt „arbeiten", nichts von ihrem Taschengeld haben, denn sie finanzieren in Wahrheit ihre eigene Betreuung.

Nun könnte man einwenden: Aber Menschen mit Behinderung bekommen doch Pflegegeld. Das stimmt. Das Pflegegeld wird in Südtirol einkommensunabhängig ausbezahlt, um die eigene Pflege zu finanzieren. Das können Heilbehelfe sein, Mittel zur Fortbewegung, Hauspflege. Man sollte sich aber vor Augen halten, dass das Pflegegeld per Definition zur „Pflege" verwendet werden soll. Das Pflegegeld sichert nicht den Lebensunterhalt. Es ist nicht zur Finanzierung von Essen, Wohnen oder Kleidung gedacht. Das Argument, das von nicht behinderten Personen also gerne verwendet wird, um zu unterstreichen, dass Menschen mit Behinderung ja eh schon „so viel bekommen", greift nicht wirklich,

wenn die klare Definition von Pflegebedarf und Pflegegeld nicht eingehalten wird.

Weg vom Leistungsdenken?

Im ersten Arbeitsmarkt sucht ein Arbeitgeber in aller
Regel den bestqualifizierten Bewerber oder die bestqua-
lifizierte Bewerberin für seine ausgeschriebene Stelle.
Der Arbeitsmarkt ist wenig divers, man müsse von einem reinen Leistungsdenken weggehen, sagt auch Landesrätin Magdalena Amhof. „So viel Platz muss heute in
der Gesellschaft schon sein, finde ich, dass man nicht
immer nur den perfekten Mitarbeiter sucht, der noch
mehr Umsatz bringt." Man müsse auch mit den Menschen zurechtkommen, die der Arbeitsmarkt bietet,
und das seien eben auch Menschen mit Behinderung.
   Magdalena Amhof spricht in ihrem Ressort von konkreten Überlegungen, wo Menschen mit Behinderung
zum Beispiel im Arbeitsumfeld der Landesrätin arbeiten
könnten. Sie nennt zum Beispiel Tätigkeiten in der Por-
tierloge oder andere einfachere Aufgaben wie Sortierung
von Post. Grundsätzlich sind Menschen mit Behinderung
so verschieden und so divers wie Menschen ohne Behinderungen. Menschen mit Behinderung sind so verschieden und so divers, dass es kein einheitliches Bild von
einem behinderten Menschen geben kann. Den oder
die Behinderte gibt es einfach nicht. Es gibt Menschen,
die sind mobilitätseingeschränkt, es gibt Menschen mit
Seh- oder Hörbehinderung, es gibt Menschen mit kom-
plexen Mehrfachbehinderungen, die hoch spezialisiert

studieren können. Es gibt Menschen, die voll arbeits-
fähig sind, aber körperliche Unterstützung brauchen.
Es gibt Menschen, die eine Lernbehinderung haben.
Um Menschen mit Behinderung wirklich in den Arbeitsmarkt zu integrieren, muss der Arbeitsmarkt selbst
nicht nur diverser werden, sondern die Arbeitgeber und
somit wiederum die ganze Gesellschaft müssen einsehen, dass es nicht nur eine Form der Behinderung gibt.
Menschen mit Behinderung haben so unterschiedliche
Charaktere, Eigenheiten, Lebensgeschichten und Fähigkeiten wie Menschen ohne Behinderung. Sie haben das
gleiche Recht auf Arbeit. Sie müssen den gleichen Zugang zu ihren Grundrechten haben wie alle anderen
Menschen auch. Sie müssen also auch das gleiche Recht
auf Arbeit haben, von der man leben kann.

Wie arbeiten also Menschen mit Behinderung?

Nur ganz wenige Menschen mit Behinderung arbeiten auf
dem ersten Arbeitsmarkt. Auch wenn es gesetzliche
Verpflichtungen gibt, Menschen mit Behinderung einen
festen Arbeitsvertrag zu geben, schaffen das nur die
allerwenigsten. Der Arbeitsmarkt müsste offener und
inklusiver werden. Für die meisten Menschen mit Behinderung fängt nach der Schule ein schwieriger Weg an.
Arbeitsintegrationsdienste und Werkstätten sind keine
lohnabhängige Arbeit, sondern häufig Betreuungs-
angebote, für die Menschen mit Behinderung in den allermeisten Fällen einen eigenen Beitrag zahlen. Das bedeutet
auch, dass Menschen mit Behinderung von dem Taschengeld, das sie bekommen, in Wahrheit überhaupt nichts
haben.

Interview mit Laura Gehlhaar

Frau Gehlhaar, wie ist Ihr Job der Inklusionsberaterin entstanden?

Ich habe vor knapp 16 Jahren angefangen, an die Öffentlichkeit zu gehen auf Social Media und aus meiner Lebensrealität als Frau mit Behinderung oder explizit Rollstuhlfahrerin zu schreiben und da so ein bisschen Einblicke zu verschaffen.

Ich habe sehr schnell sehr viel Aufmerksamkeit und Interesse generieren können. Im Alltag konnte ich natürlich viele Barrieren feststellen, und die habe ich auch öffentlich thematisiert. Im Laufe der Zeit entstanden immer mehr Fragen daraus. Was kann man dagegen machen oder wie kann man denn den inklusiven Gedanken vorantreiben?

Diese Fragen kamen nicht nur von Privatpersonen, sondern auch immer mehr von Institutionen, von Organisationen und vor allem eben immer mehr aus der Richtung des ersten Arbeitsmarktes. Ich habe nämlich auch sehr explizit über meine Erfahrungen geschrieben, als mein Studium zu Ende war und meine eigene

Laura Gehlhaar, 40, ist Autorin, Inklusionsberaterin und Frau mit Behinderung. Sie hat zwei Bücher veröffentlicht und ist Spezialistin auf dem Gebiet Inklusion.

Bewerbungszeit auf dem ersten Arbeitsmarkt begann, die mit sehr vielen Barrieren gespickt war. So bin ich immer mehr und mehr in diese Beratung reingerutscht.

Und dann konnten Sie daraus einen Brotberuf machen?
Am Anfang war es noch so: Man hat mir per Mail eine Frage gestellt, ich habe per Mail eine Antwort gegeben oder man hat mal telefoniert und dann war es das. Irgendwann habe ich mir gedacht: Ja, Moment mal! Das ist Wissen, das ich weitergebe, aus eigenen Erfahrungen heraus natürlich. Aber ich habe das auch studiert und ich habe Fortbildungen für meine Beratungstätigkeit gemacht. Ich konnte mir das auch als einen Beruf vorstellen und habe begonnen, Geld für meine Beratungstätigkeit zu verlangen.

Ich habe mich immer weiter fortgebildet und mir Wissen angeeignet. Ich habe auch eine Coaching-Ausbildung gemacht. Und dann bin ich an Unternehmen und Konzerne, an Kleinunternehmen, NGOs etc. herangetreten, um zu fragen, wie es denn bei ihnen so mit einer inklusiven Unternehmenskultur aussieht. Da bin ich auf recht viel Interesse gestoßen. Und dann ging das so richtig los. Irgendwann habe ich nicht nur in Deutschland beraten, sondern auch international.

Wie läuft so ein Beratungsprozess ab?
Das ist sehr unterschiedlich. Ich biete verschiedene Formate an, projekt- oder prozessbezogene Beratung. Es kann sein, dass ich über Monate unterschiedliche Projekte begleite. Das kann von Kinoproduktionen bis hin zu einem wirklichen Shift gehen, also einer wirklich

tiefgreifenden Veränderung der eigenen Unternehmenskultur. Da schaut man, wie man konkret zu mehr Diversität und Inklusion kommen kann, wie man den ersten Arbeitsmarkt generell gerechter gestalten kann. Und dann gebe ich Workshops und halte mitunter Vorträge, bin auf Panel-Diskussionen usw.

Wie wichtig ist politische Arbeit für Sie?
Auf den politischen Aspekt lege ich viel Wert. Ich lebe ja selbst mit einer Behinderung und erfahre viel Diskriminierung, in meinem alltäglichen Leben, aber auch in meinem Beruf. Allein schon, weil ich jeden Tag mit Menschen zu tun habe, die erst mal wenig bis keine Berührungspunkte mit Behinderung haben – sei es in ihrem Arbeits- als auch in ihrem Privatleben. Und da begegnet mir immer Ableismus in Sprache, in Verhaltensweisen und so weiter.

Jeder Mensch, der in irgendeiner Art Diskriminierung erfährt, weiß, dass das einen auch emotional berührt. Und man braucht dann einen gesunden Weg, um damit umzugehen und weiterzuleben sozusagen. Den habe ich besonders in der politischen Arbeit gefunden, weil ich heute hinter der Idee stehe, dass Inklusion keine Wohltätigkeitsveranstaltung sein darf, sondern gesetzlich verankert werden muss. Und weil ich nur mit Gesetzen argumentieren kann, warum die Gesellschaft sich inklusiv und divers aufstellen muss. Und weil Menschenrechte niemals von Gutmütigkeit abhängig sein dürfen. Dann sind es keine Menschenrechte. Zumindest haben dann die Menschen in dem Sinne eine Gesellschaft mit wenig Wert.

Wenn Sie zur Beratung in Firmen, in Unternehmen gehen, auf welchem Stand sind die Leute beim Thema Inklusion, wenn Sie da hinkommen? Was begegnen Ihnen da für Realitäten?

Auch das ist sehr unterschiedlich. Ich erlebe das in Konzernen, oder sagen wir, in wirklich alteingesessenen Konzernen eher, dass die Leute sehr wenig Berührungspunkte haben und auf einem sehr veralteten Stand sind, was das Denken um und über Behinderung angeht. Also da fange ich dann wirklich, sage ich mal so, im Urschleim an. Also da muss ich bei null anfangen, weil die Leute erst mal sogar erstaunt darüber sind, dass ich sprechen kann, sozusagen.

Sie fangen also ganz von vorne an.

Darauf nehme ich aber keine Rücksicht. Ich habe diese Idee, ich habe diesen Grundsatz und meine Grundhaltung von Inklusion, von Gerechtigkeit und von Menschenrechten, die trage ich dorthin, wo ich angefragt bin. Da schaue ich nicht darauf, ob da jetzt Leute sind, die schon mal eine behinderte Arbeitskollegin hatten oder ob das jetzt ein jüngeres Unternehmen ist, die schon so und so viel Prozent an behinderten Menschen oder chronisch kranken Menschen beschäftigen. Ich versuche die Leute – und das ist jetzt nicht arrogant gemeint, auch wenn es sich vielleicht so anhören mag ... Ich versuche die Leute auf meinen Stand zu heben und gehe nicht runter zu ihnen sozusagen. Ich fange dann nicht an bei: Ja, wir Behinderten, wir sind total nett und süß, sondern es geht hier knallhart um Gerechtigkeit. Und da sind manche Menschen, vor allem behinderte Menschen, die alle ableistisch sozialisiert sind, des Öfteren auch mal ein bisschen fraglos.

Da wird eben auch sehr zum Hinterfragen eingeladen, der eigenen Privilegien. Und das ist aber die Arbeit. Und da nehme ich keine Rücksicht drauf. Da müssen die Leute schauen. Also behinderte Menschen gibt es ja nicht erst seit gestern, sondern behinderte Menschen gibt es, seit es Menschen gibt. Und wie wir in der Gesellschaft dafür sorgen, dass Menschen mit unterschiedlichen körperlichen oder psychischen Merkmalen nicht nur Freude haben können, sondern auch aktiv mitgestalten können, darum geht es. Das ist meine Arbeit, dafür die Weichen zu stellen.

Jetzt ist es ja schon per se ableistisch, was Sie erzählt haben. Also wenn Sie in ein derartiges Setting kommen, wo Leute so reagieren oder erst mal auch überrascht sind, dass sie jetzt ihre Privilegien hinterfragen sollen und dass es was mit ihnen zu tun hat, dieser Workshop: Wie gehen Sie persönlich damit um? Ich kann mir vorstellen, dass das für Sie auch anstrengend ist.

Ja genau, weil ich natürlich meine Behinderung überall mit hinnehme und selbst betroffen bin von Ableismus. Davon kann ich mich ja nicht befreien. Und das ist auch der Grund, warum es wichtig ist, dass behinderte Menschen diese Arbeit leisten. Weil dadurch Authentizität erreicht wird, also einfach die unverblümte Glaubwürdigkeit. Das empfinde ich in meiner Arbeit und in der Arbeit mit anderen Menschen als unglaublich wichtig und wertvoll. Ich vermittle allein durch meine Präsenz, dass hier ein Umdenken stattfinden muss. Wenn ich zum Beispiel als weiße Frau in einen Workshop über Rassismus gehe und dort ein Teilnehmer etwas Rassistisches sagt, dann könnte ich das ignorieren, weil es mich ja nicht betrifft. Aber dann kommt man auch nicht weiter. Dann hat diese Person auch nichts mitgenommen. Und dann ist dieser Workshop weniger wert und weniger nachhaltig. Ich glaube grundsätzlich, dass man natürlich auch auf seine eigene Gesundheit achten muss, was Diskriminierung angeht. Es besteht die große Gefahr, dass es einem sehr schnell nicht gut gehen kann, wenn man Diskriminierung erfährt. Dazu gibt es auch Studien, dass sich das negativ auf das Wohlbefinden auswirkt.

Aber wie ich eben sagte, ich kann mich davon auch abgrenzen, indem ich mich wirklich auf Gesetze verlasse. Und nicht nur auf Gesetze. Ich betrachte Inklusion und Behinderung auch als eine Wissenschaft. Letztendlich habe ich immer Evidenzen im Rücken, die mich stärken. Ich habe schwarz auf weiß dastehen, wie viele Menschen mit Behinderung ausgeschlossen werden am Arbeitsmarkt. Und dann kann mir niemand kommen und sagen, ja, aber das stimmt doch gar nicht, bei uns arbeiten drei Leute mit Behinderung. Es gibt diese Evidenzen, es gibt diese Gesetze. Und die nehme ich mir dann zu Hilfe.

In Südtirol ist es so, dass sehr wenige Menschen mit Behinderung am ersten Arbeitsmarkt zu finden sind. Ich habe in der Recherche oft gehört: Man muss auch einsehen, wenn das Angebot nicht zur Nachfrage passt. Das heißt im Grunde: Es gibt kein Matching für Men-

schen mit Behinderung. Ich habe mich dann gefragt:
Wenn es das nicht gibt, muss dann nicht der Arbeits-
markt diverser werden? Ich habe außerdem das Gefühl,
dass es ein sehr eindimensionales Bild davon gibt, wie
Menschen mit Behinderung arbeiten können. Also zum
Beispiel auch auf politischer Ebene merkt man, dass es
ein eindimensionales Bild von Behinderung gibt. Wie
sehen Sie das?

Ich finde das einfach traurig. Was ich heraushöre, ist
eine krasse Spaltung, in „ihr" und „wir". Man sagt quasi:
Ja, wenn ihr nicht kommt oder wenn ihr keine Nachfrage habt, dann müssen wir uns doch nicht nach euch
richten. Es ist eine völlige Fehleinschätzung der ganzen
Situation. Und auch eine sehr privilegierte Art und
Weise, sich das System anzuschauen.

Also, sorry, aber ich kann ja nicht handeln als behinderte Person und versuchen, mich irgendwie in ein
System reinzuquetschen oder reinzumodeln, das nicht
auf mich zugeschnitten ist. Ich habe das zum Beispiel
in den USA ganz anders erlebt.

Was war dort genau anders?
Ein Beispiel: Als ich in den USA war für ein halbes Jahr,
konnte ich mich zu 100 % selbstständig durch die Straßen bewegen. Ich konnte jederzeit spontan entscheiden,
wo ich einen Kaffee trinken gehe, wo ich mal kurz auf
die Toilette gehe, wo ich abendessen möchte. Weil das
Gesetz sagt, dass alle öffentlichen und privaten Gebäude barrierefrei sein müssen. Und darauf kann ich
mich verlassen. Und wo das nicht so ist, kann ich das
einklagen. Ich habe das Gesetz im Rücken. Es stärkt

mein Recht als behinderte Person, mich genauso durch Straßen und auf Wegen bewegen zu können wie alle anderen auch.

Was hat sich da für Sie verändert?
Allein dadurch habe ich jeden Tag zig andere Menschen mit Behinderung gesehen. Ich habe so viele Menschen mit Behinderung gesehen wie noch nie in meinem Leben zuvor. Und das war total erleichternd und hat mich selbstbewusst gemacht, weil mir vermittelt wurde: Ah! Ich darf hier sein. Ich darf hier sein, ich kann mich überall frei fortbewegen, ich werde hier nicht behindert. Ich kann mich so fortbewegen, wie ich bin, mit dem, was ich nun mal mitbringe an Voraussetzungen. Und mein Selbstwertgefühl ist so dermaßen durch die Decke gegangen, was ich vorher überhaupt nicht kannte, einfach weil mir vermittelt wurde, dass an mich gedacht wurde – an Menschen nämlich.

Und das ginge auch auf dem Arbeitsmarkt?
Das ist ein Argument, das ich an Unternehmen heranbringe, wenn sich ein Unternehmen barrierefrei aufstellt: Dass es das nach außen hin auch vermitteln muss. Das Gesetz regelt das ja noch nicht, dass auch private Unternehmen barrierefrei sein müssen. Deshalb gehen viele behinderte Menschen von vornherein leider davon aus, dass ein Arbeitsplatz nicht auf sie zugeschnitten wird. Wenn ich als Person mit Behinderung aber sehe: Ah guck mal, schon auf der Website wird mir gesagt, dass dieses Unternehmen Barrieren abgebaut hat, hier werden die Texte in leichter Sprache

angeboten, was auch immer, erst dann denke ich: Hier könnte ich arbeiten.

Das bedeutet also, der Arbeitsmarkt muss Signale an Menschen mit Behinderung geben?
Genau. Denn das heißt für mich: Hier bin ich willkommen, hier bewerbe ich mich, dann werde ich eingestellt. Und dann sind vielleicht unter den 500 Kollegen und Kolleginnen auch noch fünf andere behinderte Menschen am Arbeitsplatz oder in dieser Firma.

Also so funktioniert das. Die Welt, die Gesellschaft, die Straßen, die öffentlichen Räume müssen sich öffnen und dadurch das Signal senden, hier bist du willkommen. Du kannst dich hier bewegen. So kommen die Leute in Unternehmen und so können Menschen mit Behinderung diese Räume auch einnehmen.

Die Öffnung muss auch gesetzlich verankert sein, oder?
Um das nochmal zu verdeutlichen und zusammenzufassen: Es gibt in Deutschland knapp acht Millionen behinderte Menschen. Die Dunkelziffer ist, glaube ich, nochmal höher, weil natürlich auch nicht jede Person, die eine Behinderung hat, erfasst wird mit einem Behindertenausweis oder einem Schwerbehindertenausweis. Aber diese Leute sind da. Ja, diese Leute gibt es. Und wenn die Politik aber jetzt sagt: „Na ja, also wir machen jetzt nichts – ihr fragt ja nicht danach", dann ändert das nichts daran. Wir werden dadurch nicht weniger, unsere Bedürfnisse werden nicht andere oder unsere Lebensentwürfe. Deshalb müssen Räume barrierefrei gestaltet sein und das muss politisch und gesetzlich

festgehalten sein, sodass behinderte Menschen dort eben genauso Zugang haben wie nicht behinderte Menschen.

Das heißt, die Wende muss von der Politik kommen?
Das muss von der Politik kommen. Man spricht ja auch gerne über die Behindertenquote. Ich finde das erst mal von der Idee her großartig, einfach als Signal, zu sagen: Ihr müsst bei eurer Betriebsgröße, bei einer Anzahl von so und so vielen Mitarbeitenden, auch so und so viele Menschen mit Behinderung bei euch eingestellt haben. Das ist einfach ein Muss. Das finde ich erst mal gut, das finde ich großartig. Dann muss es aber eben auch Gesetze geben, die den Arbeitsmarkt zugänglich machen für behinderte Menschen.

Was bedeutet „zugänglich" genau für Sie?
Wir haben hier eben noch das Werkstattsystem, das, obwohl es sehr reaktionär und diskriminierend ist, immer noch existieren darf in der Form, wie es jetzt eben noch existiert. Und solange das so weiter bestehen kann in dieser Form, wird es Menschen, die eine Behinderung haben, in Deutschland sehr, sehr schwer, wenn nicht sogar unmöglich gemacht, an den ersten Arbeitsmarkt zu kommen. Also ich bin auch eine Ausnahme.

Ich bin deshalb eine Ausnahme, weil meine Eltern dafür gekämpft haben, dass ich aufs Gymnasium komme und nicht auf eine Behindertenschule gehe. Und weil ich aber auch für mich selbst gekämpft habe und wiederum nicht auf meine Eltern gehört habe. Die meinten auch erst mal Laura, mach doch am allerbesten nur irgendeine Bürokauffrau-Ausbildung. Dann bist du in irgendeinem Büro angestellt und bist abgesichert sozusagen. Da habe ich mir gesagt: Nein, nein. Es kann so nicht sein. Auch Kinder, die eine Behinderung haben, haben doch das Recht darauf, von ihren Eltern dahingehend gestärkt zu werden. Dass sie sich beruflich in die Richtung entwickeln, die sie sich für sich selbst vorstellen, und eben nicht eingeschränkt werden vom Leben, von Behinderungen. Das wird das schwierig, wenn es heißt: Mach mal lieber nur das und jenes.

Sie sind eine der wenigen in Ihrer Berufsgruppe.
Ich weiß, dass das superschwierig ist in dieser Gesellschaft, in den ersten Arbeitsmarkt zu kommen. Ich bin eine von wenigen Personen mit Behinderung, die am ersten Arbeitsmarkt arbeiten – und dann auch noch selbstständig Unternehmen berät hinsichtlich Inklusion und Barrierefreiheit. Da gibt es in Deutschland viel zu wenige. Wenn man das googelt hier in Deutschland, dann gibt es sogar Diversity- und Inclusion-Trainer:innen. Aber das sind alles überwiegend weiße, nicht behinderte Frauen und Männer, die das machen.

Wenn wir noch mal kurz zu den Werkstätten kommen: Viele Menschen mit Behinderungen, mit denen ich gesprochen habe für das Buch, sind gegen die Werkstätten. Aber rund 80 % aller nicht behinderten Menschen, mit denen ich für das Buch gesprochen habe, finden die Werkstätten gut, weil sie sagen: Für manche Menschen geht es eben nicht anders. Was entgegnen Sie dem?
Ja, das höre ich auch tausendmal, Millionen Mal hör ich das. Also das Problem ist, dass nicht behinderte

Menschen auch so eine Grundhaltung haben, dass behinderte Menschen ihren eigenen Schutzraum brauchen. Und man kann das ganz einfach umkehren. Wenn ich mich jetzt hinstellen würde, sagen wir mal, als eine Person, die Macht hat und Entscheidungen treffen kann in der Politik, und sagen würde: Ich finde, Männer brauchen auch in Zukunft ihren eigenen Schutzraum. Wir haben dafür jetzt unterschiedliche Gebäude gebaut. Und da sollten ab jetzt Männer arbeiten. Dann sind die auch unterwegs. Dann würde man natürlich denken: Hä, hat die jetzt ein Rad ab?

Aber das ist dasselbe in Grün. Dem geht so ein krasser Paternalismus voraus, der darin endet, dass behinderte Menschen unterdrückt sind und weiterhin unterdrückt werden. Und sich nicht frei ausleben können, frei bilden können und entwickeln können, so wie sie das gerne möchten. Sie haben diese freie Wahl nicht. In dem Moment unterdrücken nicht behinderte Menschen Menschen mit Behinderung. Das Werkstättensystem ist eigentlich eine modernere Sklavenhaltung, sage ich immer ganz gerne dazu. Viele Menschen, die ihre Kinder oder ihr Kind in einer Behindertenwerkstatt wissen – egal, wie alt das Kind ist, ob es 40 Jahre alt ist oder 20 –, die sagen: Ja, mein Kind fühlt sich da aber wohl. Und dann sage ich: Ja, okay, eine Freundin von mir, die musste auch in einer Behindertenwerkstatt arbeiten, die hat sich sehr unwohl da gefühlt. Und die hat sexuelle Übergriffe dort erfahren und sie musste darum kämpfen, dort entlassen zu werden, um an den ersten Arbeitsmarkt zu kommen.

Es gibt also wieder mal nicht die eine behinderte Person, deren Erfahrung für alle greift, meinen Sie?
Was ist denn mit dieser Person, die eine andere Erfahrung gemacht hat? Wenn man schon auf eine sehr individuelle Schiene gehen möchte, dann kann man auch diese Erfahrung hernehmen. Es geht einfach darum: Solange es in einem System Menschen gibt – und wenn es nur eine einzelne Person ist –, die unfrei leben müssen, dann ist etwas in diesem System völlig schiefgelaufen. Solange es nur eine Person gibt, die nicht frei ist, gibt es auch für die anderen Menschen dort keine Freiheit.

Wie ordnen Sie das Werkstattsystem historisch ein?
Das Werkstattsystem ist allein schon historisch bedingt sehr fraglich, weil es ja noch aus dem Zweiten Weltkrieg heraus entstanden ist und sozusagen gegründet wurde, weil man sich nach dem Krieg gefragt hat: Was machen wir jetzt eigentlich mit den behinderten Menschen, die es noch gibt? Wo stecken wir die denn jetzt hin? Wenn man das nicht grundlegend neu denkt, dann wird es weiterhin vielen Menschen sehr, sehr schlecht gehen, weil viele Menschen weiterhin unterdrückt sind. Und das darf nicht sein. Das darf nicht sein in einer Gesellschaft, die demokratisch aufgebaut ist und eigentlich so viel Geld hat, wirtschaftlich, um dieses System neu zu denken.

Das haben andere Länder auch schon gemacht: In Großbritannien gibt es seit 2011 oder 2012 keine Behindertenwerkstätten mehr. Die Behindertenwerkstatt wurde abgeschafft. Das heißt nicht, dass alle Gebäude auf einmal gesprengt wurden und die Leute auf einmal arbeitslos oder obdachlos waren, sondern das System an sich wurde neu gedacht. Und so was brauchen wir auch. Wir brauchen dieses Umdenken, begleitet von behinderten Menschen. Da müssen sich behinderte Menschen aus der Politik ransetzen, die dieses Konzept neu denken und niederschreiben und umsetzen und den Prozess begleiten.

Jetzt haben Sie schon den Punkt angesprochen: Es muss von behinderten Menschen kommen oder behinderte Menschen müssen diesen Prozess mitgestalten. Das ist ja immer wieder Thema. Ich merke es auch in der Medienlandschaft, dass ganz viel über Menschen mit Behinderung gesprochen wird, aber nicht mit ihnen. Obwohl sie in vielen Bereichen die Expertise haben. Wie würden Sie das beschreiben, wie viel denkt die Gesellschaft Menschen mit Behinderung mit oder wie wenig und warum ist es aus Ihrer Perspektive wichtig, dass wir mehr in Dialog gehen mit Menschen mit Behinderung?
Ich glaube, dass nicht behinderte Menschen schon viel zu viel für behinderte Menschen gedacht haben. Und dass es an der Zeit ist, behinderten Menschen die Räume und die Werkzeuge zu geben, dass sie für sich selbst denken und sprechen können. Und da gilt es auch, die eigenen Privilegien zu hinterfragen und vielleicht einen Schritt zurückzugehen, damit behinderte Menschen mal zwei Schritte nach vorne gehen können, um präsent zu sein, um sich hörbar zu machen, sichtbar zu machen. Und selbst nicht nur teilhaben können, sondern wirklich aktiv diese Gesellschaft mitgestalten

können. Das ist so ausschlaggebend. Meiner Meinung nach ist das für die Zukunft auch einfach unverzichtbar. Behinderte Menschen werden lauter. Sie stellen Forderungen, sie haben Forderungen, die sehr berechtigt sind. Und denen muss Raum gegeben werden. Denn sonst gäbe es weiterhin keine Gerechtigkeit.

Wie weit ist dieser Prozess fortgeschritten? Dass behinderte Menschen eben aktiv mehr Räume haben?
Also ich nehme wahr, dass sich das bei Social Media zum Besseren gewendet hat. Weil Social Media – generell das Internet, aber insbesondere Social Media – Räume bieten, die für behinderte Menschen sehr leicht barrierefrei zugänglich sein können. Dadurch können behinderte Menschen sehr präsent sein, Räume einnehmen und sie auch gestalten. Das erlebe ich in den letzten Jahren immer intensiver auf jeden Fall. Behinderte Menschen haben eine Stimme, sie sind lauter geworden, aber noch lange nicht laut genug, weil – und das ist ein großes Problem hier in Deutschland – wir halt keine Lobby haben. Wir kämpfen an der vordersten Front, aber immer nur zerstückelt. Und können sozusagen keine Lawine loslösen, sondern immer nur einzelne Steine den Berg runterschmeißen. Und mal wird da ein Stein ganz unten ankommen, aber mal eben auch nicht. Das ist sehr, sehr frustrierend. Ich würde mir, auch aus der Perspektive meiner eigenen Arbeit, sehr wünschen, dass man noch stärker zusammenarbeitet. Aber auch diese Zusammenarbeit wird sehr erschwert, weil es eine sehr mühsame Arbeit ist. Man hat nicht immer die Kapazitäten dafür.

Wie hat sich die Pandemie auf Menschen mit Behinderung ausgewirkt, gerade auch in der Wahrnehmung?

Ich merke eine Tendenz seit Corona: Seit der Pandemie habe ich einen gewissen Rückzug oder eine gewisse Resignation wahrgenommen in der Szene. Auch weil Corona oder generell die Pandemie viele Menschen mental sehr ausgelaugt hat und vor allem die Menschen, die eh schon Diskriminierung erfahren, noch eine zusätzliche Diskriminierung erfahren haben. Und da waren behinderte Menschen während der Pandemie einfach an der Spitze sozusagen. Stichwort Triage und so weiter. Das hat uns – ich möchte hier für alle behinderten Menschen sprechen, auch wenn es vielleicht auf den einen oder die anderen nicht zutrifft, das mag auch sein –, das hat uns vor den Kopf gestoßen und uns sehr müde gemacht. Weil man mal wieder gemerkt hat, dass man sich doch immer einer höheren Macht entgegenstellen muss, die sehr, sehr stark ist und wo die Chance, dagegen anzukommen sehr, sehr gering ist als kleine behinderte Person. Das hat für Resignation gesorgt. Ja, und ich schließe mich da auch mit ein, auf jeden Fall. In der Pandemie kam dieses generelle Denken, was, glaube ich, gesellschaftlich so viele haben und mit sich herumtragen im Hinterkopf, das kam nochmal ganz, ganz deutlich zum Vorschein. Es wurde nochmal sehr sichtbar, was die Gesellschaft generell über behinderte Menschen denkt und wie sie wahrgenommen werden. Das war sehr erschreckend. Das hat, glaube ich, auch viele Menschen traumatisiert.

Vielen Dank für das Gespräch, Frau Gehlhaar.

Exkurs: Menschen mit Behinderung in der COVID-19-Pandemie

Die Pandemie hat tiefe Gräben aufgerissen. Vielleicht schlug diese Gräben auch nicht nur die Pandemie an sich, sondern der gesellschaftliche und politische Umgang damit. Menschen mit Behinderung hatten es in der Pandemie besonders schwer. Sie wurden, wie so oft, zu wenig als Teil der Gesellschaft mitgedacht und haben besondere Diskriminierung erfahren. Behindertenfeindliche Denkweisen wurden deutlicher geäußert als vor der Pandemie. Dies gilt vor allem für die Diskussion rund um Triage, sprich das Priorisieren von Menschen mit höherer Lebenserwartung in den Notaufnahmen und Krankenhäusern. Ausgelöst wurde diese ethisch sehr fragwürdige Diskussion durch die Knappheit der Ressourcen. Für Menschen mit Behinderung bedeutete sie vor allem Unsicherheit: Bin ich die oder der Erste? Zähle ich zu den Menschen, deren Lebenserwartung als niedriger eingestuft wird und die dann nicht mehr behandelt werden?

Die Triage-Diskussion machte für Menschen mit Behinderung ganz offen greifbar, welche tief sitzenden Ressentiments es gegen sie gibt. Teile der Bevölkerung waren auch irgendwann nicht mehr bereit, Maske zu tragen, um die sogenannten vulnerablen Gruppen, zu denen auch Menschen mit Behinderung zählen, zu schützen. Das Ur-Prinzip „Der Stärkere überlebt" wurde plötzlich wieder salonfähig.

Wie wohnen Menschen mit Behinderung?

„Als ich 20 Jahre alt war, sind meine Familienstrukturen zusammengebrochen und ich bin ins Altersheim gekommen, mit 20! Ich war dort dreieinhalb Jahre. Und hab mir dann von dort aus den Weg in eine eigene Wohnung erkämpft."

Silvia Rabanser wohnt mittlerweile eigenständig. Sie hat in ihrem Heimatort Lajen eine Wohnung gefunden, die für sie und ihre Behinderung barrierefrei ist. Sie hat sich diese Freiheit hart erkämpft, weil sie, wie sie selbst sagt, durch ihr Studium der sozialen Arbeit das Wissen und die Ausdauer dazu hatte.

Silvia Rabanser lebt in ihrer Wohnung in Lajen. Sie hat soziale Arbeit studiert und arbeitet in Teilzeit. Silvia braucht eine 24-Stunden-Assistenz. Es ist nicht einfach für sie, geeignete Assistenz zu finden. Silvia könnte sich aber nicht vorstellen, ihre Eigenständigkeit aufzugeben. Sie findet, dass es einfacher werden muss, persönliche Assistenz zu bekommen. Dafür setzt sie sich aktiv ein. Lernen Sie Silvia hier persönlich kennen:

Die Zeit im Seniorenheim war schlimm für Silvia. Vielfach sei das Argument in den Raum gestellt worden, dass Silvia ja gut aufgehoben sei im Pflegeheim, sagt sie. „Du hast die Pflege, die du brauchst, und mehr brauchst du nicht. Aber dass das das Leben nicht ausmacht, dass das Leben damit verbunden ist, Freundinnen einzuladen, hinauszugehen und heimzukommen, wann man will, zu essen, was man will, das ist für die anderen viel zu selbstverständlich. In dem Moment, wo du eine Behinderung hast, zählt das einfach nicht mehr." Silvia findet, nach der Deckung der Grundbedürfnisse höre das Mitdenken für Menschen mit Behinderung auf: „Du hast jemanden, der dich aufs Klo bringt, der Rest ist scheißegal." Auch Menschen mit Behinderung hätten das Recht, einmal zu scheitern.

„Es war einfach nur ein Kampf, die Dienstleister zu überzeugen, dass es geht, dass ich allein wohnen kann, dass das Seniorenheim nicht der richtige Ort für mich ist. Vom Arzt bis zu den Fachdiensten bis zur Bevölkerung, alle haben dagegengearbeitet. Ich habe einfach auf meinem Recht beharrt, da rauszukommen, und dann hat es geklappt."

Als Silvia im Altersheim wohnen musste, war es für sie auch mit den sozialen Kontakten schwierig. „Da ist keiner reingegangen, weder Familie noch Freunde. Wenn, dann haben wir uns draußen getroffen. Ein Netzwerk zu entwickeln, das ist mir erst danach gelungen, als ich wieder draußen war."

Selbstständig oder betreut?

Grundsätzlich können Menschen mit Behinderung in Wohngemeinschaften, begleiteten Wohngemeinschaften, in Pflegeheimen oder auch selbstständig wohnen. Sie haben das Recht, selbstständig zu wohnen, auch wenn sie Assistenz brauchen. Hier kommt der Begriff „persönliche Assistenz" ins Spiel. Die persönliche Assistenz unterscheidet sich von der Pflege dahingehend, dass die persönliche Assistenz eigentlich die Verlängerung der Hände einer Person mit Behinderung bedeutet. Das bedeutet: Die Person mit Behinderung entscheidet eigenständig, wie sie ihren Tagesablauf gestalten möchten und instruiert ihre persönliche Assistentin oder ihren Assistenten, wo und wie genau sie Hilfe und Unterstützung braucht. So sieht es auch Anna Faccin: „Sie ist nicht die Chefin, das bin ich." Das persönliche Assistenzmodell macht vor allem im Bereich Wohnen einen entscheidenden Unterschied für Menschen mit Behinderung: Es erlaubt nämlich weitgehende Autonomie. Es gibt keinen Tagesablauf vor, wie er beispielsweise von einer Heimstruktur implementiert wird, und entspricht somit vielmehr der Freiheit zur persönlichen Lebensgestaltung. Im Prinzip wären Menschen mit einem ausgeglichen Assistenzmodell in der Lage, ihr Leben genau so zu gestalten wie Menschen ohne Behinderung, genauso frei und genauso unkontrolliert. Obwohl laut Landessozialplan das persönliche Assistenzmodell jedem offenstünde, der autonom wohnen möchte, suchen aktuell nur 15 Menschen um das persönliche Assistenzmodell an. Das mag mit einer höchst aufwendigen Bürokratie zusammenhängen.

Bürokratische Hürden

„Es geht einfach darum, dass du dein Leben allein bestreiten kannst, dass du unabhängig bist von Familie und Freunden. Das gibt es in Südtirol so gar nicht. Also in Südtirol musst du alles selbst organisieren oder du bist halt bei der Familie daheim."

Für Max Silbernagl ist die komplizierte Handhabung der persönlichen Assistenz beim Wohnen ein Grund, warum er bis heute nicht nach Südtirol zurückkehrt, obwohl er oft Heimweh hat, wie er sagt. Seine Autonomie ist ihm aber wichtig, extrem wichtig sogar. „Es gibt hier in Innsbruck den Verein Selbstbestimmt leben. Da kann ich hingehen und sagen, ich brauche Assistenz für das und jenes. Der Selbstbehalt ist 600 Euro im Monat. Die restlichen Kosten für die Assistenzstunden übernimmt das Land Tirol. Deshalb habe ich den

Max Silbernagl hat Geschichte studiert, lebt in Innsbruck und schreibt Online-Artikel. Damit verdient er Geld. Er lebt in einem Studentenwohnheim. Seine Unabhängigkeit ist ihm extrem wichtig. „Mal gemütlich einen trinken gehen können, oder auf ein Konzert." Max liebt Punk-Musik und den Punk-Lebensstil. Er ist selbst Sänger einer Band. „Mein Vater hat immer gesagt: Wenn die anderen 100 Prozent geben, musst du 110 geben. Und das stimmt auch." Lernen Sie Max hier persönlich kennen:

Hauptwohnsitz nach Innsbruck verlegt. Aber dafür bekomme ich halt auch was."

Wer das persönliche Assistenzmodell in Südtirol in Anspruch nehmen muss oder möchte, muss nämlich erst vorfinanzieren, dann genau abrechnen und belegen – auch die Entlohnung seines Assistenten oder seiner Assistentin. Der Mensch mit Behinderung wird sozusagen zum Arbeitgeber und erstickt in Bürokratie. Max sagt dazu: „Du musst dir das erst einmal leisten können. Plus bist du als Assistenznehmer Chef: Da hast du eine Verantwortung. Was, wenn dein Assistent keinen Lohn kriegt oder zu wenig Lohn kriegt? Dann musst du dich auskennen. Und wenn du mit dem Assistenten nicht zurechtkommst, musst du erst einen neuen finden. Das ist nicht so einfach. Hier in Innsbruck kann ich sagen, das ist nicht von mir abhängig. Die Assistenten werden über einen Verein angestellt und ich bin der Kunde. Und wenn ich mich nicht gut mit einem verstehe oder er sich nicht mit mir, dann sage ich: Okay, es geht eben nicht." In so einem Fall sucht der SL für Max eine neue Betreuungsperson. In Südtirol ist es also so, dass eine Person mit Behinderung, wenn sie persönliche Assistenz beantragen möchte, sich vollumfänglich selbst um diese Assistenz kümmern muss. Sie muss eine Assistenz finden, obwohl es dieses Berufsbild hierzulande fast nicht gibt. Sie muss dann die bürokratischen Hürden meistern, vorfinanzieren, wird zum Arbeitgeber und hat auch die entsprechende Verantwortung. Das kann sich Max nicht vorstellen. Für ihn kommt dein Leben in Südtirol deshalb nicht infrage.

Martin Telser sagt, die Möglichkeit für persönliche Assistenz beim Wohnen ist da, „aber es ist nicht so einfach. Die Bürokratie ist in Südtirol sowieso schon nicht einfach, bei nichts, was du anfragst, bei gar nichts. Wir haben fast 200 soziale Genossenschaften in Südtirol." Über eine dieser Genossenschaften könnte zum Beispiel ein Assistenzdienst organisiert werden, meint Martin Telser. Er glaubt, die Politik sei teilweise auch schlecht informiert über autonomes Wohnen: „Sie verstehen nicht in vollem Ausmaß, was selbstbestimmtes Leben heißt." Dass es überhaupt die Möglichkeit zur persönlichen Assistenz gibt, sei aber auch viel zu wenig publik gemacht worden, sagt Telser: „Ich verstehe nicht ganz warum, aber wahrscheinlich, weil sie Angst gehabt haben vor einer Kostenexplosion."

Das liebe Geld

Für Silvia kommt kein anderes Wohnmodell als die persönliche Assistenz infrage. „Ich bekomme den Beitrag für ein selbstbestimmtes Leben. Da musst du nachweisen, was du mit dem Pflegegeld getan hast, und aufbauen darauf, bis zu einem bestimmten Teil wird es dann zurückerstattet. Also es ist eine Rückerstattung, es muss alles nachgewiesen werden. In dem Moment habe ich einen Nachteil gegenüber anderen, die über das Pflegegeld frei verfügen können, das kann ich nicht." Silvia muss schwarz auf weiß nachweisen, was sie mit dem Pflegegeld gemacht hat. Das Pflegegeld ist eine monatliche Pflegeversicherung, die jede Person mit einer schweren und bleibenden Behinderung in Südtirol bekommt. Dazu kommt dann der Beitrag für selbstbestimmtes Leben, aufbauend auf dem Pflegegeld. Von diesem Betrag bezahlt Silvia dann ihre 24-Stunden-Assistenz

Die maximale Summe, die sie beanspruchen kann, sind 3.500 Euro monatlich. Das sei zu wenig, sagt Silvia. „Wie willst du mit 3.500 Euro im Monat de facto 24 Stunden Assistenz gewährleisten?"

Laut Silvia sind auch die bürokratischen Hürden viel zu groß. Das Ansuchen ist kompliziert, das System unbekannt und es gibt somit nur wenig Personen, die sich auskennen und sie unterstützen können. Solange jemand die Unterstützung der Eltern zu Hause habe, tue er sich so einen Aufwand nicht an, sagt Silvia. „Keine Ahnung, wie viel Energie ich im Monat damit verschwende, um meine Assistentinnen zu organisieren, zu schauen, dass das mit den Verträgen klappt und dass das mit der Rückerstattung vom Geld klappt. Das schaffe ich auch nur, weil ich die Oberschule besucht habe und dann noch soziale Arbeit studiert habe."

Die Bürokratie greift über ins hoch persönliche Leben. Silvia muss zum Beispiel Zielvereinbarungen festlegen. „Jetzt musst du die Ziele festlegen, was du mit dem Projekt machst. Ja hallo? Welcher normale Mensch legt jedes Jahr neue Ziele fest? Wir bauen jetzt ein Haus oder wir kaufen ein Auto oder ich mache einen Führerschein. Du überlegst nicht jedes Jahr, was deine Ziele sind. Leben halt! Und dann sind diese Beiträge im Grunde genommen wieder viel zu niedrig, um mit der Lebensqualität hier unterwegs zu sein." Silvia muss

Arbeitgeberin sein, als Person mit Behinderung, die aber einfach nur ein normales Leben führen möchte. „Ich sage immer: Ich führe ein Unternehmen, obwohl ich keinen Steuerberater und Wirtschaftsberater habe wie ein anderer. Und auch nicht die Einnahmequellen, um es so zu sagen. Ich zahle mehr oder weniger wie ein Unternehmer oder eine Firma, und das alles unter einen Hut zu bringen, das schaffen die meisten einfach nicht." Sie selbst, sagt Silvia, gehe regelmäßig über ihre eigenen Grenzen. Sie ist sich aber sehr bewusst, welches Leben sie stattdessen führen würde, weil sie es drei Jahre lang gesehen hat, als sie im Heim untergebracht werden musste.

Auch Anna kämpft um ihr Assistenzmodell. Anna und Silvia zufolge ist das Assistenzmodell in Südtirol allerdings weitgehend unbekannt. Beide sagen: weil es politisch nicht gewollt ist. Es sei viel zu wenig Geld für die persönliche Assistenz veranschlagt worden, sagt Anna. „Es ist politisch so gewollt. Es ist gewollt, dass die Eltern das machen, dass die Eltern das gut machen und dass die Infrastrukturen da sind, um eben auch in die Behindertenwerkstatt zu gehen. Die persönliche Assistenz ist einfach nicht gewollt, meiner Meinung nach."

Die strukturelle Ungerechtigkeit im System wollten Anna und Silvia nicht länger hinnehmen, sie haben sich zusammen mit zwei anderen Frauen vernetzt. „Wir haben uns gesagt, wir müssen hier mal ein bisschen das System hinterfragen. Zum Beispiel hängt die Rückvergütung mit der EEVE (Anm. d. A.: Einheitliche Einkommens- und Vermögenserklärung) der Familie zusammen. Sehr spannend und auch sehr diskriminierend. Das heißt nämlich, ich kriege gar keine Rückvergütung, wenn mein Einkommen einen gewissen Betrag überschreitet. Und das ist auch wieder komplett kontraproduktiv. Ich kann doch nur arbeiten, wenn ich Assistenz habe. Ich komme ja gar nicht aus dem Haus." Dass die Rückvergütung der persönlichen Assistenz mit der Einkommenssituation der Familie zusammenhängt, führt auch dazu, dass Menschen mit Behinderung, die auf dem ersten Arbeitsmarkt arbeiten – so wie Anna –, mit ihrem Gehalt nicht gleich gut leben können wie Menschen ohne Behinderung. Anna zahlt im Prinzip wiederum für ihre Behinderung drauf, weil sie ihre Autonomie durch die persönliche Assistenz einfordert.

Berufsbild: persönliche Assistenz

„Was persönliche Assistenz eigentlich ist, ist 0 % bekannt. Wenn ich sage, ich habe eine persönliche Assistentin, dann frage mich die Leute: Was hast du? Eine Betreuerin, eine *Badante* (Anm. d. A.: Pflegerin)? Ah, eine, die auf dich schaut? Das passiert mir immer wieder. Ja, und dieses „Auf-dich-Schauen", das ist so dermaßen präsent …"

Anna Faccin, Betroffene

Eine persönliche Assistenz ist keine *Badante*, also keine pflegende Betreuungsperson. Persönliche Assistenz ist im Prinzip die Verlängerung der Hände eines Menschen mit Behinderung. Die persönliche Assistenz pflegt nicht, sondern sie assistiert bei der Körperpflege, sie entscheidet nicht, wann der Mensch mit Behinderung isst, wann er ins Bett geht und wie sein Tag strukturiert ist. Im besten Fall sollte eine Pflegeperson einen alten zu pflegenden Menschen auch nicht entmündigen. Wer aber einmal in einer Einrichtung untergebracht war war oder mit Menschen, die es waren, spricht, der erkennt, dass die Freiheit an persönlicher Lebensgestaltung in einer Institution auf jeden Fall eingeschränkt ist. Und auch wenn eine Pflegeperson nach Hause kommt, ist die Autonomie nicht immer gegeben, wenn die Person, die den Dienst in Anspruch nimmt, allein als Pflegefall angesehen wird. Die Definition einer Assistenz ist eine andere: Die Assistenznehmer:innen erhalten die volle Autonomie, sie entscheiden über jedes Detail im Tagesablauf. Für alle Tätigkeiten, bei denen sie motorische Hilfe benötigen, ist die persönliche Assistenz da. Für Silvia und Anna ist das genau der wesentliche und wichtige Unterschied. Ein großes Problem ist dabei, dass man sowohl als Assistenznehmerin als auch als Assistenzgeberin keine Berufsgruppe in Südtirol hat. „Es gibt in Italien einfach diese Berufsgruppe nicht. Es gibt nur die *Badante*. Das heißt, wenn ich selber jemanden beantrage, muss ich einen *Badante*-Vertrag machen. Das ist auch der einzige Vertrag, den ich mir leisten kann. Weil alles andere, alles „Bessere" kann ich einfach nicht bezahlen. Ich habe einen guten Job. Aber ich kann mir nichts anderes leisten, weil die Rückvergütung einfach zu niedrig ausfällt."

Die meisten Leute wüssten gar nicht genau, was eine persönliche Assistentin oder ein Assistent eigentlich macht, sagt Anna. Sie kommt mit ihrer persönlichen

Assistentin sehr gut zurecht. Diese sei zum Familienmitglied geworden, auch wenn ihre Assistentin gelernt habe, dass sie nicht die Chefin sei. „Sie ist immer hinter mir und ist meine Hand. Aber sie macht sehr viele coole Sachen und hilft mir mit den Kindern, sie kocht auch. Wenn ich unterwegs bin, ist sie mit mir unterwegs. Aber ich habe sie wirklich sehr lange gesucht und am Ende ist meine Assistentin eine Freundin. Ich habe eine Freundin gefunden, die gesagt hat: Ich mach das."

Für Silvia ist es sehr schwierig, passende Personen zu finden. Sie braucht für ihre 24-Stunden-Assistenz mehr als zwei Personen, vor allem auch für die Nacht. Die Verträge, die sie anbieten kann, sind aber schlecht bezahlt. Umgekehrt haben die Assistenten nicht die Möglichkeit, sich gewerkschaftlich zu vereinen für bessere Rechte, weil sie keine anerkannte Berufsgruppe sind und weil es einfach keine Assistenten und Assistentinnen gibt. Anna möchte diesen Zustand nicht mehr hinnehmen. „Ich habe mich im letzten Jahr dazu entschieden, dass ich dafür jetzt einfach kämpfen werde – und wenn es zehn Jahre dauert. Wir brauchen auch in Südtirol persönliche Assistenz, die mehr ermöglicht als das bisherige Modell."

Anna rechnet vor: „Wenn jemand 24 Stunden Assistenz braucht, dann braucht er oder sie mindestens zwei Assistenten oder Assistentinnen am Tag. Das ist gesetzlich auch so vorgesehen. Das heißt, du musst für zwei Vollzeitkräfte aufkommen, das sind inklusive der Steuern mindestens 5.000–6.000 Euro, die du im Monat vorstrecken musst. Als Mensch mit Behinderung! Und du lebst vielleicht von deiner Invalidenrente, wo du

500 Euro kriegst. Wo sollst du das Geld denn hernehmen? Aber du könntest in eine Institution gehen, in ein Wohn- oder Seniorenheim. Die dürfen mich auf jeden Fall aufnehmen, wenn ich sage, ich kriege das nicht mehr hin mit der Assistenz. Dann kriege ich einen Betreuungsplatz in einem Altersheim. Wie viel kostet das denn pro Tag oder pro Monat?"

Kurz gefasst: Es ist für Menschen mit Behinderung deutlich einfacher, in ein Pflegeheim zu gehen, als die persönliche Assistenz zu organisieren, obwohl diese ein Maximum an freier Lebensgestaltung und Lebensqualität für Menschen mit Behinderung darstellt und obwohl eine Institutionalisierung unter Umständen nicht kostensparender ist.

Tut sich was?

Auf Nachfrage im Frühling 2024 sagte Rosemarie Pamer, die zu dem Zeitpunkt noch recht frische Landesrätin für Soziales, man wisse eigentlich nicht, warum es nicht mehr Nachfrage für das Assistenzmodell gebe. Man habe gehofft, dass private Vereine vielleicht eine Art Börse erstellen, in der sie Assistenten und Assistentinnen vermitteln. Im Landessozialplan ist als Vision ebenfalls die Deinstitutionalisierung verschriftlicht. Auch der Monitoringausschuss für Menschen mit Behinderung formulierte in seinen Handlungsempfehlungen, dass Menschen mit Behinderung deinstitutionalisiert und eigenständig leben sollen. „Ich bin auf jeden Fall der Meinung, dass das die Zukunft sein muss. Und das muss auch für die neue Legislatur die Vision sein." Die Landesrätin weist aber auch darauf hin, dass in den Pflegestrukturen und Heimen sowieso fast alle Plätze belegt seien. Außerdem herrsche weiterhin Personalmangel, auch deswegen müsste ein neues Modell angedacht werden.

Im August 2024 fuhren Landeshauptmann Arno Kompatscher und Landesrätin Rosemarie Pamer nach Innsbruck, um dort den SL zu besuchen und sich über das Konzept der persönlichen Assistenz eingehender zu informieren. Man wolle hier unbedingt weiterkommen, sagte Rosemarie Pamer gegenüber der Presse. Auch Max Silbernagl, der in Innsbruck die persönliche Assistenz in Anspruch nimmt, war mit von der Partie.

Wie wohnen also Menschen mit Behinderung?

Menschen mit Behinderung können in Wohngemeinschaften, Pflegeheimen oder selbstständig wohnen. Viele jüngere Menschen mit Behinderung streben das autonome Wohnen an, weil sie dann selbst ihre Tagesstruktur wählen können und aus einem Pflegesystem in die Eigenständigkeit kommen. In Südtirol ist es schwer, um persönliche Assistenz anzusuchen. Darum tun dies nur rund 15 Menschen landesweit. Eine persönliche Assistenz ist keine *Badante*, sondern stellt im übertragenen Sinn die „Hände" der Person mit Behinderung dar. Der Mensch mit Behinderung kann somit vollkommen selbst entscheiden, wie er seinen Tag verbringen möchte, und bleibt der Gestalter seines Lebens.

Frage 10

Wie und warum sollten wir mehr über Behinderung und Diskriminierung sprechen?

„Ich würde mir mehr Authentizität in bestimmten Positionen wünschen. Wir können auch mal ein bisschen lauter sein, ein bisschen aggressiver, ein bisschen progressiver oder, ja, auch provokanter."

Heidi Ulm, Betroffene

Experten

Über Menschen mit Behinderung gibt es eine Meinung, oft auch eine Haltung und viele Annahmen. Diese Annahmen stammen ganz oft von Menschen ohne Behinderung. Dass nicht behinderte Menschen über Menschen mit Behinderung reden, sozusagen mitentscheiden wollen und eingreifen in Bereiche, die sie nicht aus eigener Erfahrung kennen, das stört viele Menschen mit Behinderung.

Heidi Ulm zum Beispiel findet, man müsse erkennen, dass ein Mensch mit Behinderung eine Expertise bietet. „Das ist nichts, was du dir in deinem Uni-Studium aneignen kannst. Das regt mich auf, dass Experten drüber reden, was Menschen mit Behinderung sind und nicht sind." Im Prinzip sei es wie beim Feminismus. Natürlich dürften Menschen ohne Behinderung auch über Menschen mit Behinderung sprechen. Aber wenn es um Expertise gehe, so Heidi, liege der Sachverhalt anders: „Dann lässt man einen Betroffenen sprechen, weil das halt einfach mehr Sinn hat. Ja, ein bisschen Authentizität in bestimmten Positionen würde ich mir schon wünschen. Man kann es ja allein schon in der Landespolitik sehen: kein einziger Vertreter mit Behinderung."

Lauter und aggressiver

„Wir können auch mal ein bisschen lauter sein, ein bisschen aggressiver, ein bisschen progressiver oder, ja, auch provokanter. Es muss nicht immer dieses Helden-Opfer-Getue sein. Man sollte einfach den Menschen sehen und nicht immer nur den Behinderten." Heidi findet, der Ton, in dem Menschen mit Behinderung ihre Forderungen ansprechen, sollte schärfer werden.

Die ehemalige Gleichstellungsrätin Michela Morandini sieht eine neue, junge Generation von Aktivisten und Aktivistinnen kommen: „Und ich begrüße das wahnsinnig. Aber die Tatsache, dass wir keine Behindertenbewegung haben, also die wirklich aus Menschen mit Behinderung, Angehörigen, also aus der Betroffenheit entsteht, das institutionalisiert die Arbeit insgesamt auch sehr. Wir sind in Südtirol gewohnt, dass die Vereine, die Interessengruppen, ich sage mal die ‚Lobbys‘, tätig werden, was ja auch gut ist. Das hat aber häufig auch dazu geführt, dass Menschen ohne Behinderung in den Vordergrund treten. Und ich glaube nicht, dass das eine oder das andere besser ist, aber ich glaube an das Diverse, weil beide Gruppen verschiedene Kompetenzen haben. Meine Kompetenz ist nicht die Selbstvertretung, meine Kompetenz ist, dass ich im Landtag arbeite und die Gremien kenne oder die Netzwerke habe." Beim Thema Inklusion habe es in Südtirol bisher sehr wohl eine Rolle gespielt, dass man die Betroffenen im weitesten Sinne zu wenig einbezogen hat, sagt Morandini.

Es brauche eine bessere Vernetzung, findet auch Max Silbernagl. „Gut wäre, wenn sich alle Leute, die zum Beispiel im Rollstuhl sitzen, zu irgendeinem Thema einig wären und eine Forderung formulieren, dann in einem gewissen Umfang selber Geld in die Hand nehmen und dann sagen: Gut, jetzt gründen wir einen Verein und helfen uns sozusagen selber. Dann gehen wir mit dem Verein zur Politik und gehen den politischen Vertretern so lange auf die Eier, bis die uns helfen. Das wäre so wichtig. Menschen mit Beeinträchtigungen haben einfach gar keine Lobby."

„Was fürs Herz"

Eine schlechte Lobby und wenig Geld dahinter: Das wirkt sich laut Max auch auf die Menschen aus, die potenziell im sozialen Sektor arbeiten würden, also zum Beispiel persönliche Assistenzstellen übernehmen würden. „Oft hörst du dann auch noch von Menschen, die selbst im Sektor soziale Arbeit tätig sind: Das ist etwas fürs Herz und das tut man für die gute Erfahrung und so. Aber von Luft und Liebe kannst du auch nicht leben. Oft ist einfach kein Geld dahinter." Das schrecke viele Menschen ab, die eigentlich Interesse an diesen Jobs hätten.

Max spürt auch eine subtile Angst unter Menschen mit Behinderung. Man habe das Gefühl, dass man nicht zu unbequem sein dürfe, um Standards nicht zu verlieren. „Von den Menschen mit Behinderung denken sich halt auch viele, wir dürfen nicht zu laut sein, denn wir dürfen das nicht riskieren, das zu verlieren, was wir jetzt schon haben. Sie haben einfach keinen starken Stand. Sie sagen nicht: Das ist unser Recht. Sie denken, sie können es sich nicht erlauben." Er selbst habe manchmal das Gefühl, dass Menschen mit Behinderung noch „unter der Fuchtel einer älteren Generation" stünden, die noch ein anderes Bild von Menschen mit Behinderung hatte.

Eine Entwicklung in die richtige Richtung könne man schon sehen, findet Max. Es sei wichtig, dass sich die Bewegung intern nicht zu sehr verzettle. Aber es sei auch schwierig, bestehende Bilder in den Köpfen von Menschen zu verändern. Max findet, dass Menschen mit Behinderung noch immer zu eindimensional betrachtet werden, als Bittsteller an die Gesellschaft, als nicht eigenständige Personen, die nicht wütend sind und nicht laut und die sich vor allem niemals aufregen dürfen über bestehende Missstände.

„Es hat sich was getan, aber viele Leute haben das noch in dem Kopf, in allen Räumen. Und wenn das Geld auch nicht dahinter ist und du vielleicht immer noch gesagt bekommst: Das ist nicht dein Recht, dann bist du eher still und bist zufrieden mit dem, was du hast."

Die Medien

Am 3. Dezember eines jeden Jahres kann man in den Zeitungen, Onlinemagazinen und im Fernsehen die übliche Berichterstattung sehen: Der 3. Dezember ist nämlich der Internationale Tag der Menschen mit Behinderungen. Anlassbezogen werden dann Einzelporträts gezeigt oder Initiativen, die sich in irgendeiner Form für Menschen mit Behinderung einsetzen. Gerne wird auf der Bildebene das Narrativ des lächelnden Menschen mit Trisomie 21 bedient, der jederzeit lebensfroh ist. Selten werden unter dem Jahr Problemstellungen aufgearbeitet, außer es kommt zu einem größeren Eklat. Dabei wäre die Fragestellung, wie die nicht behinderte Gesellschaft mit Menschen mit Behinderung zusammenlebt, eine durchaus gesellschaftsrelevante Frage. In welchem Ausmaß diese in der Gesellschaft diskutiert wird, hängt natürlich auch von den Medien ab.

Alex Ploner, auch Journalist, beobachtet die Tendenz, dass auch auf nationaler Ebene unter Journalisten diskutiert wird, wie die Themen und Thematiken um Menschen mit Behinderung in den Medien aufgearbeitet werden sollen. „Das ist großes Thema im nationalen Journalistenverband. Weil auch die Medien, wir Journalisten und Journalistinnen, eine Mitverantwortung haben, dass diese Geschichten erzählt werden, dass wir ihnen eine Plattform geben."

Aber auch in der Politik brauche das Thema mehr Raum. „Ich habe das durchaus auch den Sozialverbänden vorgeworfen: Ihr müsst bei der Politik jeden Tag anklopfen, die Bauern tun es, die Unternehmer tun es, die Bauwirtschaft tut es, die starken Lobbys tun es alle. Das sehe ich im Landtag. Warum sehe ich die Sozialverbände nicht? Wir haben zwar den Monitoringausschuss, ja. Aber ich hege die Hoffnung, dass das Thema auch darüber hinaus in Zukunft öfter in den Landtag kommt." Auch Anna Faccin findet, dass auf politischer Ebene viel zu wenig über Menschen mit Behinderung gesprochen wird. Eine Partei, egal auf welcher Seite, könne es sich heute nicht mehr leisten, bestimmte Themen wie zum Beispiel Gleichberechtigung der Frau, Familienpolitik oder Umwelt komplett aus ihrem Wahl- oder Parteiprogramm herauszulassen: „Man kann konträre Meinungen haben, aber heutzutage muss irgendwie die Frauenpolitik drin sein. Man muss sich heute irgendwie mit dem Umwelt Thema befassen. Es ist überall drin. Warum ist Behinderung nicht überall drin?"

Es fehle erstens das Bewusstsein, dass Behinderung ein ressortübergreifendes Thema sei, das nicht nur das Ressort für Soziales betrifft, sondern alle Lebensbereiche. Aber oft fehlt der gesellschaftliche oder mediale Aufschrei, findet auch Anna: „Warum schreibt niemand drüber? Warum ist es nicht auf der ersten Seite der Zeitungen? Warum wird es immer nur in den Charity-Bereich aufgenommen? Oder nur in die Bereiche Soziales oder Schule? Das ist Gesellschaft!"

Auch Landeshauptmann Arno Kompatscher ist der Meinung, dass Menschen mit Behinderung und ihre Probleme zu einseitig abgebildet werden. „Es wird dann mit Bezug auf die Gesundheit diskutiert, oder auf die Architektur, wenn es z. B. um die Beseitigung architektonischer Barrieren geht usw., aber nie für die gesamtgesellschaftliche Wahrnehmung. Im Unterschied zu anderen Themen, wie zum Beispiel die Sprachgruppen. Die Italiener müssen angemessen vertreten und repräsentiert sein, die Deutschsprachigen müssen repräsentiert sein, die Ladiner natürlich auch, ob es um Mann und Frau geht und so weiter. Dort wird immer mehr geschaut." Bei Menschen mit Behinderung fänden diese Diskussionen immer nur in geschütztem Rahmen statt. Menschen mit Behinderung seien gesamtgesellschaftlich nicht vertreten, sondern immer nur spezifisch. Meistens entscheidet die nicht behinderte Mehrheitsgesellschaft, ob ein Thema auch ein Thema für Menschen mit Behinderung ist. Man muss sich fragen, ob nicht eigentlich das ganze Leben, alle Bereiche der Gesellschaft, ein Thema für Menschen mit Behinderung seien.

Wie und warum sollten wir also mehr über Behinderung und Diskriminierung sprechen?

Menschen mit Behinderung sollten die Möglichkeit bekommen, für sich selbst zu sprechen. Sie werden in den Medien zu selten und zu eindimensional repräsentiert. Themen, die Menschen mit Behinderung betreffen, ihre Ausgrenzung und Diskriminierung sind keine Nischenthemen, sondern betreffen die ganze Gesellschaft.

Frage 11

Haben Menschen mit Behinderung Beziehungen und Sex?

„Ich habe eine Frau. Wir sind heuer sieben Jahre verheiratet. Das verflixte siebte Jahr – (lacht) – ich hoffe nicht!"

Julian ist verheiratet, beziehungsweise gesegnet. Heiraten wollte er, so erzählt es seine Mutter, während Julian breit grinsend daneben sitzt, schon in der Grundschule. Entweder eine Mitschülerin, wahlweise auch die Lehrerin. Seine jetzige Frau lernte er bei einem Praktikum kennen. „Es war eigentlich beim Kochen, 2002 war das. Es hat sofort gefunkt."

Julian Peter Messner ist vor allem eins: begeisterter Wörtersammler. Julian hat Trisomie 21, er lebt im Pustertal mit seiner Mutter in einer Wohnung. Er ist praktizierender Autor und hat bei Edition Raetia zwei Bücher herausgegeben. Julian geht  neben dem Schreiben gern seiner Arbeit in der Kunstwerkstatt Akzent nach. „Aus dem Hotel Mama werde ich allerdings nie ausziehen, auch wenn meine Frau das will."
Lernen Sie Julian hier persönlich kennen:

Von da an bearbeitete Julian seine Mutter ausdauernd, das Thema Heiraten ließ ihn nicht los. „Ich habe Listen geschrieben und alles organisiert. Annemarie hat dann den Ehering verloren, wir mussten ihr einen neuen kaufen", erzählt Julian. Er trage seinen Ehering aber nie, sagt er, im Sommer sei er ihm zu eng und im Winter zu locker. „Ich will ihn nicht verlieren." Statt eines „Staatsaktes", der nötig gewesen wäre, wie Julians Mutter sagt, einigte man sich auf eine Segnungsfeier. „Tausend Leute waren es!", ruft Julian. Seine Mutter dementiert: „Ach geh! 200 haben auch gereicht." Julian habe eine wunderschöne Feier gehabt, sagt seine Mutter. Man merkt Julian an, dass er noch heute sehr stolz auf seine selbst organisierte Hochzeit ist. Von der Musik in der Kirche bis zur Location bestimmte Julian alles selbst, zusammen mit seiner Partnerin Annemarie. Zusammenleben mit seiner Frau möchte Julian bis jetzt nicht. Er braucht seinen eigenen Raum und viel Zeit zum Lesen, Schreiben und Wörtersammeln. Verliebt ist er trotzdem in Annemarie. Für ihn stand nie außer Frage, dass er einmal heiraten würde.

Keine Mütter, keine Väter?

Haben Menschen mit Behinderung Sex? Kann eine Frau mit Behinderung Kinder bekommen? Natürlich kann sie, das sagt die UN-Behindertenrechtskonvention. Menschen mit Behinderung, egal mit welcher Behinderung, haben ein Recht am eigenen Körper. Sie haben das Recht, Kinder zu bekommen. Sie sind, wie Menschen ohne Behinderung, sexuelle Wesen.

Irritierend sei diese Vorstellung trotzdem für die meisten Menschen, sagt Anna Faccin. „Das fällt ihnen nicht ein, dass wir ein sexuelles Leben haben. Das fängt schon bei der sexuellen Erziehung an. Und bei allem, was dran-hängt. Verhütung, was ist überhaupt erlaubt in Kombi-nation mit gewissen Medikamenten, das wird alles nicht vorgestellt für Menschen mit Behinderung. Wie könnten gynäkologische Untersuchungen funktionieren? Oder das Thema Sextoys: Kriegt zum Beispiel eine blinde Frau die Verpackung eines Toys überhaupt auf? Oder schafft man es auch nur mit nur einem Arm? Da gibt es null!"

Anna selbst ist mit extremer Neugier konfrontiert worden, als ersichtlich war, dass sie schwanger war. Theoretisch darf jede Frau, mit welcher Behinderung auch immer, Mutter werden. Und jeder Mann, auch ein Mann mit Behinderung, darf Vater werden.

„Aber sollten sie es auch?", das könnte jetzt Ihre Frage sein. Auch bei dieser Frage haben wir als nicht behin-derte Menschen ein eindimensionales Bild von Men-schen mit Behinderung im Kopf. Wir denken darüber nach, dass eine Frau mit Behinderung oder ein Vater mit Behinderung ein Kind vielleicht nicht versorgen kann. Hier sei vorausgeschickt, dass es ganz grundsätz-lich einmal ein Menschenrecht ist, über den eigenen Körper verfügen zu können. Außerdem gehört es zu den Grundrechten, sich selbst für eine Familie zu ent-scheiden. Abgesehen davon, dass es die Privatsache ei-ner jeden Person ist, ob sie Kinder bekommt oder nicht, gibt es keine Menschengruppe, der wir dieses Recht ab-sprechen. Wir fragen nicht, ob Menschen, die ein Dro-genproblem haben, Eltern werden können. Wir fragen nicht, ob Menschen mit anderen Suchtproblemen wie zum Beispiel Alkoholismus Eltern werden können. Wir fragen nicht, ob Menschen, die ein gewisses Alter erreicht haben, Eltern werden können. Es ist zum Beispiel gesellschaftlich sehr akzeptiert, dass Männer noch in einem hohen Alter Väter werden. Und wir wissen ganz oft überhaupt nicht, in welche Familienverhältnisse Kinder hineingeboren werden und was dann in diesen Familien passiert. Die Frage ist also nicht, ob Menschen mit Behinderung grundsätzlich Kinder bekommen sollten und wer sich dann um diese kümmern würde, weil wir auch hier wieder vollkommen sicher davon ausgehen, dass das Menschen mit Behinderung nicht können. Die Frage ist vielmehr, mit welcher Begründung wir Menschen mit Behinderung ihr Recht auf eine Familie absprechen möchten.

Keine Repräsentanz

Anna sagt, Menschen mit Behinderung wären auch in Hinsicht auf sexuelle Aufklärung oder Ausleben der Sexualität nicht ausreichend repräsentiert. Frauen mit Behinderung berichten, dass die Probleme schon bei der Suche nach der richtigen gynäkologischen Praxis beginnen. Wie kommt eine Frau mit eingeschränkter Mobilität auf den gynäkologischen Untersuchungsstuhl? Gibt es überhaupt eine barrierefreie Praxis in der Nähe? „Wir haben alles Mögliche an Information und Aufklärung", sagt Anna, „aber Sexualität, die soll es bei Menschen mit Behinderung nicht geben, das gibt es einfach nicht. Und in Deutschland, in Österreich, da sind sie schon einen Schritt weiter. Da kämpfen sie schon darum, dass sexuelle Assistenz irgendwie gezahlt werden soll. Bei uns gibt es das nicht einmal."

Das Konzept der Sexualassistenz baut darauf auf, dass Menschen ein Recht auf ihre Sexualität haben, unabhängig von ihrer Behinderung. Sexualassistenten helfen Menschen mit Behinderung, ihre sexuellen Bedürfnisse umzusetzen. Bei der passiven Sexualassistenz bekommen die Assistierten zum Beispiel Hilfe bei der Besorgung von Verhütungsmitteln, Hilfsmitteln wie Gleitgel, Sextoys oder Pornos. Bei der aktiven Sexualassistenz ist der oder die Dienstleisterin aktiv an der Umsetzung der Sexualität beteiligt. Das kann Assistenz zur Masturbation sein oder auch verschiedene Praktiken der gelebten Sexualität. Das Institut zur Selbstbestimmung Behinderter ISSB in Deutschland bemüht sich seit vielen Jahren um eine fundierte Ausbildung. Es gibt aber auch sogenannte Sexualbegleiter. Das ISSB legt hier Wert auf eine Unterscheidung. Das Wort Assistenz meine, jemandem nach dessen Anweisungen zur Hand zu gehen. Im Ideal sei das ein Arbeitgeber-Arbeitnehmer-Verhältnis, in dem der Mensch mit Behinderung sagt, was er brauche, und die Assistenz das ausführe, was der Mensch mit Behinderung aufgrund seiner Behinderung nicht kann. Eine Sexualbegleitung geht mit ihrem Kunden oder ihrer Kundin eine emotionale Partnerschaft ein. Das ermögliche, so das Institut zur Selbstbestimmung Behinderter, unterschiedlichste Erfahrungen, auch körperlich–sexuelle. Sexualassistenz

oder Sexualbegleitung fällt in Deutschland rein rechtlich unter das Prostitutionsgesetz. In Deutschland wird
zum Teil darüber diskutiert, inwiefern Sexualassistenz
oder Sexualbegleitung in einem gewissen Rahmen von
der öffentlichen Hand finanziert werden kann.

Weil in Italien Prostitution generell verboten ist, gibt es
derzeit auch in Südtirol keine Möglichkeit für die legale
Ausübung der Sexualassistenz. In Österreich ist das
anders: Die Bundesländer haben im Bereich der Prostitution weiterführende Kompetenzen. Bisher war es
Menschen mit Behinderung in Österreich nur in Bor-
dellen möglich, straffrei sexuelle Dienstleistungen in
Anspruch zu nehmen. In Nordtirol wurde nun das Lan-
despolizeigesetz geändert. Damit wurde Sexualassistenz legalisiert. Sexualbegleiterinnen und Sexualbegleiter dürfen außerdem in privaten Räumen und in
Pflegeeinrichtungen tätig sein, wenn sie für Menschen
mit Behinderung arbeiten.

„Eigentlich ist das körperliche Gewalt"

Anna Faccin findet es nicht in Ordnung, dass Sexualität
bei Menschen mit Behinderung ausgeklammert werden
soll. „Das ist kein Thema. Das gibt es gar nicht. Eigentlich ist das eine Form von körperlicher Gewalt, wenn
man jemanden daran hindert, zumindest seine eigene
Sexualität zu entdecken."
　Körperliche Gewalt ist für Frauen mit Behinderung
überhaupt ein Thema. Sie erleben deutlich mehr sexu-

elle Gewalt als Frauen ohne Behinderung. Das belegen die Zahlen aus der Statistik der Agentur der europäischen Union für Grundrechte aus dem Jahr 2014. Sie machen deutlich, dass 34 % der Frauen mit Behinderungen oder mit gesundheitlichen Problemen körperliche oder sexuelle Gewalt durch ihren Partner oder Expartner erlebt haben. Im Vergleich dazu stehen die 19 % der Frauen ohne Behinderung, die diese Form der Gewalt erfahren haben. Die Tabuisierung der Sexualität von Menschen mit Behinderung und die daraus resultierende fehlende Aufklärung machen diesen Umstand nicht besser.

Frauen mit Behinderung müssen sich auch heftiger gegen die Unversehrtheit und um das Recht am eigenen Körper wehren. In vielen EU-Staaten ist noch immer die Zwangssterilisation von Frauen mit Behinderung erlaubt. Aktuell gibt es sogar mehr EU-Mitgliedstaaten, die Zwangssterilisation erlauben, als solche, die sie verbieten. Zwar kann eine Zwangssterilisation oft nur unter strengen Regeln erfolgen, aber erlaubt ist sie trotzdem. Wenn sich Frauen sterilisieren lassen, verlieren sie ihr ganzes Leben lang die Fähigkeit, Kinder auf die Welt zu bringen. Viele Frauen ohne Behinderung entscheiden sich ganz bewusst für diesen Schritt. Bei Frauen mit Behinderung entscheiden aber oft andere Menschen darüber.

Die Istanbul-Konvention, das Übereinkommen des Europarats zum Schutz von Frauen gegen Gewalt und häusliche Gewalt, gibt vor, dass eine Frau nur mit Zustimmung sterilisiert werden darf. Unter gewissen Voraussetzungen können Frauen aber in einigen EU-Ländern zwangssterilisiert werden, wenn sie einen gesetzlichen Vormund haben. Ob sie selbst Kinder haben wollen oder nicht, das spielt dann keine Rolle. Und die Frage, ob sie sich auch selbst der Folgen eines solchen Eingriffs bewusst sind, wird beiseitegeschoben. Leider hat die Istanbul-Konvention, die viele der Staaten, die Zwangssterilisation noch erlauben, unterzeichnet haben, keine richtige Durchsetzungskraft. In der europäischen Union erlauben derzeit 13 Länder die Zwangssterilisation unter bestimmten Voraussetzungen. Dazu gehören Dänemark und Tschechien, Portugal, Malta, Kroatien, Finnland, Bulgarien, Zypern, Estland, Ungarn, Litauen, Lettland und die Slowakei. Es ist schwer, genaue Zahlen zu finden, wie viele Frauen in der EU von Zwangssterilisation betroffen sind. Kaum ein Land hat dazu eindeutige Statistiken parat. Laut einem Bericht des europäischen Behindertenforums wurden in Spanien von 2006 bis 2016 über 1.000 Frauen mit Behinderung zwangssterilisiert. Seit 2020 ist die Zwangssterilisation in Spanien verboten.

In Deutschland beispielsweise ist die Lage so: Es lassen sich tatsächlich achtmal so viele Frauen mit Behinderung sterilisieren wie Frauen ohne Behinderung. Die Leiterin der Berichterstattungsstelle geschlechtsspezifische Gewalt am Deutschen Institut für Menschenrechte fordert, dass die Rechte von Frauen mit Behinderungen gestärkt werden und dass sie selbst über ihre Familienplanung entscheiden dürfen. Dazu seien vor allem barrierefreie Aufklärung und die Bereitstellung von Unterstützung notwendig. Es müsse unbedingt gesichert werden, dass keine Sterilisation ohne freie und informierte Zustimmung erfolgt. Das EU-Parlament möchte ein einheitliches Verbot.

Haben Menschen mit Behinderung also Beziehungen und Sex?

Menschen mit Behinderung haben sexuelle Bedürfnisse so wie Menschen ohne Behinderung. Sie möchten und sollen ihre Sexualität ausleben dürfen. Abgesehen davon, dass Menschen mit Behinderung häufig keinen Zugang zu barrierefreier Sexualität oder Hilfsmitteln wie Pornografie oder Sextoys haben, ist Sexualität bei Menschen mit Behinderung stark tabuisiert. Der Wunsch, dieses Thema weiterhin zu tabuisieren, ist ein Übergriff der nicht behinderten Gesellschaft auf Menschen mit Behinderung. Besonders Frauen mit Behinderung haben mit architektonischen Barrieren zu kämpfen, wenn es um die freie Wahl einer gynäkologischen Praxis geht, außerdem fehlt es an Aufklärung und Information. Unter gewissen Umständen ist Zwangssterilisation noch in einigen EU-Staaten erlaubt, obwohl die Istanbul-Konvention sie klar verbietet. Menschen mit Behinderung sind dazu häufiger von sexueller Gewalt betroffen.

Wie kommen Menschen mit Behinderung auf die Welt?

Drei Prozent aller Behinderungen sind angeboren, alle anderen werden erworben. „Leicht" ist es aber nicht mehr, ein Kind mit Behinderung auf die Welt zu bringen. Denn mittlerweile gibt es eine Menge Tests, die Behinderungen wie Trisomie 21 schon in der Frühschwangerschaft anzeigen, ohne dass es zu invasiven Eingriffen wie Fruchtwasserpunktionen kommt, die wiederum das erhöhte Risiko einer Fehlgeburt mit sich bringen. Die Folge: In Deutschland wie auch in Österreich werden neun von zehn Schwangerschaften, bei denen ein hohes Trisomie-21-Risiko diagnostiziert wird, abgebrochen. Auch in Italien ist die Quote so hoch. Für Südtirol fehlen genaue Zahlen. Es ist aber anzunehmen, dass diese Zahlen ähnlich sind. Welche Annahme steckt hinter dieser hohen Quote?

Spätabbruch: der einzige Ausweg?

In ganz Europa gibt es strenge Abtreibungsregeln. In manchen Ländern der EU ist es nahezu unmöglich, Zugang zu einem Schwangerschaftsabbruch zu bekommen, zum Beispiel in Zypern. In Südtirol ist die Situation so geregelt: Bis zur zwölften Schwangerschaftswoche ist ein Abbruch ohne rechtliche Konsequenzen möglich.

In bestimmten Fällen ist die Abtreibung auch nach der zwölften Woche möglich. Man spricht dann von einem Spätabbruch. Damit der Spätabbruch durchgeführt werden kann, müssen schwere Belastungen für die Gesundheit, auch die psychische Gesundheit der Mutter, nachgewiesen werden. Das kann zum Beispiel bei einer Schwangerschaft mit Diagnose Behinderung der Fall sein. Ein Spätabbruch hat keinerlei zeitliche Rahmenbedingungen. Er kann somit bis kurz vor der Entbindung durchgeführt werden.

Zu Recht werten Rechtssysteme die Gesundheit der Mutter höher als die des Fötus. Laut Gesetz ist in Italien eine Behinderung per se kein Abtreibungsgrund nach mehr als neun Schwangerschaftswochen. Allerdings ist der Spätabbruch möglich, wenn die Ärzte die Gesundheit der Mutter gefährdet sehen. Mütter, die also zum Beispiel eine schwere psychische Belastung empfinden, haben die Möglichkeit zum Spätabbruch. Ab der 22. bis 24. Schwangerschaftswoche könnte ein Fötus außerhalb des Mutterleibs überlebensfähig sein. Man spricht deshalb in diesen Fällen von einem so genannten Fetozid. Hier wird ins Herz oder in die Nabelschnur des Kindes eine Kaliumchlorid-Lösung gespritzt, nach der Verabreichung von schmerzstillenden Medikamenten. Die Kaliumchlorid-Lösung führt schließlich zum Herzstillstand des Kindes. Die Schwangere bringt dann das Kind auf natürlichem Wege zur Welt. Ein Kaiserschnitt wird meistens vermieden, weil er ein mögliches Risiko für die Schwangere darstellen würde. Mittlerweile gibt es modernste Untersuchungsmethoden in der frühen Schwangerschaft, um vor allem auch Trisomien auszuschließen. So werden rund 90 Prozent der Schwangerschaften mit Diagnose Trisomie 21 beendet. Eltern von Kindern mit Behinderung erzählen, dass sie überproportional oft gefragt werden, ob sie „das denn nicht vorher wussten", dann hätte man ja noch etwas machen können. Denn so müsse ja kein Kind leben. Eltern, denen solche Aussagen, nicht selten in Anwesenheit des Kindes, ins Gesicht gesagt werden, erleben Scham und das Gefühl, sich rechtfertigen zu müssen. In Summe ist allen gemeinsam, dass die nicht behinderte Gesellschaft sowohl für Menschen mit Behinderung als auch für deren Angehörige entscheidet, dass behindertes Leben nicht lebenswert ist.

Bevor ein Mensch mit Behinderung geboren wird, entscheidet bereits die Mehrheitsgesellschaft, dass dieses Kind kein gutes Leben haben würde. Eltern meinen schon vorher zu wissen, dass sie „das", nämlich die elterliche Fürsorge für ein behindertes Kind, nicht schaffen würden und nicht wollen. Damit implizieren wir Anstrengung, Leid, Opfer-Sein. Wir verweigern uns dem Gedanken, dass der Fehler in einem System liegt, das Menschen mit Behinderung und ihre Angehörigen zu wenig unterstützt, das sich darauf verlässt, dass sie engmaschig von der Familie betreut werden, das wenig Perspektiven für Erwachsene mit Behinderung bietet. Wir bleiben bei der Haltung, dass Menschen mit Behinderung selbst das Problem sind. Das ist eine ableistische Haltung. Für Kinder mit Behinderung gilt ein anderer Standard, schon im Mutterleib. Sie haben nicht den gleichen Schutz wie Kinder ohne Behinderung.

Nun könnte man einwenden: Aber ich darf selbst entscheiden, ob ich ein Kind mit Behinderung großziehen möchte. Jede Frau darf natürlich, im angemessenen rechtlichen Rahmen, selbst entscheiden, ob sie ein Kind grundsätzlich austragen möchte oder die Schwangerschaft beenden möchte. Das Recht auf Schwangerschaftsabbruch soll hier überhaupt nicht infrage gestellt werden. Gibt es aber ein Recht auf ein gesundes bzw. nicht behindertes Kind? Während nur 3 % der Behinderungen angeboren sind, werden die anderen später im Leben erworben, durch Unfälle oder Krankheiten. Stellt sich diese Frage nach dem lebenswerten Leben auch später, wenn das eigene Kind durch einen Unfall eine Behinderung erwirbt?

Wie kommen Menschen mit Behinderung also auf die Welt?

Menschen mit Behinderung kommen überhaupt nur noch selten auf die Welt. Das bedeutet auch, dass sie gesellschaftlich weniger sichtbar sind. Familien, die sich für ein behindertes Kind entscheiden, werden während und nach der Schwangerschaft mit diskriminierenden und ableistischen Fragestellungen belastet. Auch das hilft nicht bei der Entscheidung für ein behindertes Kind.

Woher kommen Ableismus und behindertenfeindliches Denken?

„Also es ist ganz, ganz schlimm, behindert zu sein in Südtirol. Immer noch. Wir bewundern Menschen mit Behinderung, wir bewundern Eltern von Menschen mit Behinderung, aber eigentlich denken wir uns insgeheim alle: Hauptsache es trifft uns nicht."

Anna Faccin, Betroffene

Was geht mich schon das Thema Behinderung an? Für nicht behinderte Personen kann es ein valider Gedankengang sein, Barrierefreiheit, Diskriminierung und Ableismus erst dann zu bedenken und zu benennen, wenn sie einen selbst betreffen. Die wesentliche Frage ist doch aber: Wie leben wir als nicht behinderte Gesellschaft zusammen mit Menschen mit Behinderung? Welchen Stellenwert geben wir ihnen und wie behandeln wir sie? Zwischen Menschen mit Behinderung und Menschen ohne Behinderung gebe es eine sehr große Distanz, sagt auch Anna Faccin, die mit einer Behinderung lebt. Behindert zu sein, werde in Südtirol als großer Makel angesehen. „Und das schafft auch einen riesigen Druck und eine riesige Entfernung zwischen ‚wir' und den anderen. Also Menschen ohne Behinderung distanzieren sich sehr von Eltern von Kindern mit Behinderung und auch von behinderten Menschen."

Die unbequeme Wahrheit ist: Die nicht behinderte Gesellschaft grenzt sich bewusst von Menschen mit Behinderung ab. Mit Behinderung möchte man eher „nichts zu tun haben". Da spielt möglicherweise auch der geschichtliche Hintergrund eine Rolle.

Es begann bei den Kindern

Vor nicht einmal 80 Jahren wurden Menschen mit Behinderung im Dritten Reich systematisch aus der Gesellschaft entfernt und getötet. Insgesamt fielen im Rahmen der „Euthanasie–Aktionen" in ganz Europa wohl zwischen 200.000 und 300.000 Menschen dem Rassenwahn der Nazis zum Opfer. Noch über zwei Jahre vor der Wannsee-Konferenz, während der der Massenmord an den Juden im industriellen Stil beschlossen wurde, fällte die Naziführung vorerst die Entscheidung, „erbkranke" Kinder zu töten. Man wollte verhindern, dass sich „Erbkrankheiten" weiterverbreiteten. Der streng vertrauliche Runderlass des Reichs-Innenministeriums vom August 1939 verpflichtete Ärzte und Hebammen, Kleinkinder und Säuglinge mit bestimmten Behinderungen und Erkrankungen zu melden. Die Täter gingen perfide vor. Oft versuchten die Gesundheitsbehörden, die Eltern von Kindern mit Behinderung zu überreden, ihre Kinder in Kinderkliniken nach Österreich und Deutschland zu übergeben. Häufig wurden Kinder mit Behinderung in Heilkliniken auf „Kinderabteilungen" für Experimente missbraucht und anschließend getötet. Allein durch die sogenannte Kindereuthanasie sind bis 1945 circa 5.000 Kinder umgebracht worden. Der Begriff Euthanasie ist ein verschleiernder und ideologisch geprägter Ausdruck. Er leitet sich aus dem altgriechischen *eu* („gut") und *thanatos* („Tod") her. Im Wortsinn nannten die Nazis die Auslöschung behinderter Kinder also einen „guten Tod", denn er sei, so die Ideologie, ja viel gnädiger als das „unwerte" Leben eines dahinvegetierenden Behinderten. Bald nach dem Erlass zur Kindereuthanasie setzte das Reich seine Bestrebungen fort, auch erwachsene Menschen mit Behinderung und psychisch Kranke zu ermorden.

Die Aktion T4

Ohne Erbarmen wurde zwischen 1940 und 1941 straff durchorganisiert die „Aktion T4" durchgeführt. Ärzte, die in den allermeisten Fällen zum System gehörten, taten das Ihrige, und stuften Kinder mit Behinderung aber auch ältere, chronisch oder psychisch Kranke als „lebensunwert" ein. Die meisten Menschen, die der Aktion T4 zum Opfer fielen, kamen im Gas um: zum Beispiel in der sogenannten Heilanstalt Hadamar.

Dabei sagten die Täter den Bewohnern, damals noch „Insassen" genannt, es gehe auf einen Ausflug. Mittäterinnen, auch in der Betreuung und Begleitung hin zur Ermordung, waren zahlreiche Krankenschwestern.

Nur wenige Menschen mit Behinderung überlebten die Aktion T4. Es gab kein Entrinnen, außer die eigene Familie oder Nachbarn versteckten ihre behinderten Angehörigen. Rund 70.000 behinderte Menschen wurden insgesamt durch die Aktion T4 getötet. Das hatte auch eine Veränderung in der Gesellschaftsstruktur zur Folge. Denn nach dem Zweiten Weltkrieg fehlte eine ganze Generation von Menschen mit Behinderung. Damit fehlen bis heute Erfahrungswerte, zum Beispiel darüber, wie Menschen mit Behinderung eigentlich altern.

Erst im Jahr 1941 verfügte Hitler einen Euthanasie-Stopp. Wohl aber nur auf Druck der Zivilgesellschaft, dem ein oder anderen war mittlerweile doch aufgefallen, dass viele Menschen mit Behinderung ganz aus der Gesellschaft verschwunden waren. Nach 1941 ging es aber mit der „wilden Euthanasie" weiter: Man ließ Menschen in Einrichtungen einfach verhungern, dahinvegetieren, sterben. Effizient, wie das NS-Regime war, spielte auch der Platz eine Rolle. Denn Betten in Krankenhäusern oder Heimen wurden gebraucht für mehr und mehr Kriegsversehrte. Viele psychisch Kranke waren im Übrigen auch kriegsversehrte, traumatisierte Männer aus dem Ersten Weltkrieg.

Den Angehörigen erzählte man nach der Ermordung, der Patient sei verstorben. Die Sterbeurkunden waren gefälscht, die Todesursache erfunden.

Südtiroler Kinder

Rosa, Walter, Agnes, Max, Elisabeth und Josef, Fidelis, Ida, Konrad, Josef. Sie gehörten zu den Kindern mit Behinderung, die ins nationalsozialistische Großreich deportiert und dann getötet wurden, weil sie behindert waren oder psychisch krank. Damit wurden auch sie

Teil der Kindereuthanasie. Es ist wichtig, die Namen der Kinder zu nennen, und ihr Andenken bis in die heutige Zeit weiterzutragen.

Der Primar des psychiatrischen Dienstes des Gesundheitsbezirks Bozen, Andreas Conca, hat bei seinem Amtsantritt die Akten über die Südtiroler Kinder, die im Zuge der Naziideologie umgebracht wurden, erhalten. Er arbeitete in einem Artikel für die Zeitschrift „Der Schlern" ihr Schicksal auf. Er findet es extrem wichtig, dass die Geschichten dieser Kinder auch heute erzählt und ihnen zu einem Teil ihre Würde zurückgegeben wird. Conca nahm vorsichtig Kontakt mit Angehörigen und Familien dieser Kinder auf, um ihnen ein symbolisches Heimkommen ermöglichen zu können. Insgesamt sind wohl ungefähr 300 Menschen aus Südtirol deportiert worden, die eine psychische oder physische Erkrankung hatten. Auch Südtiroler Ärzte machten sich zum Teil am Tod dieser Menschen mit Behinderung mitschuldig. Zur „Schlern"-Ausgabe schrieb Martin Lintner, Professor für Moraltheologie an der Philosophisch-Theologischen Hochschule in Brixen, über die „Ethik des Erinnerns". Er konstatiert, die Erinnerung an die Opfer des Euthanasieprogramms der NS-Zeit sei in erster Linie ein Akt der Menschlichkeit und der posthumen Gerechtigkeit gegenüber den Opfern.

Die späten Nachwirkungen

Der Gedanke vom „lebensunwerten Leben" ist auch heute noch in den Köpfen präsent. Landeshauptmann Arno Kompatscher, selbst Vater eines Kindes mit Behinderung, meint: „Ich glaube, da ist ganz viel Zivilisationsgeschichte, Sozialisation über Jahrhunderte dabei und wir wissen, was früher, zum Beispiel im Nationalsozialismus, passiert ist. Diese Menschen sind ausgeschlossen, versteckt, umgebracht worden, weil das Nichtnormgerecht-Sein als Makel empfunden wurde. Das wurde evolutionsbiologisch oder historisch erklärt, im Sinne des Darwinismus. Nicht so wie ihn Darwin gemeint hat, sondern so, wie er leider interpretiert worden ist. Von diesem Gedanken haben sich die Menschheit und unsere Zivilisation nie gelöst."

Ableismus und die ihm schlussendlich zugrunde liegende Behindertenfeindlichkeit sind in der Gesellschaft tief verwurzelt. Noch heute kann man oft Sätze hören wie: „Das habt ihr aber nicht vor der Geburt gewusst, oder?" Denn dann, ja dann hätte man die Schwangerschaft ja noch beenden können, um „so ein" Kind, ein behindertes Kind, der Welt nicht zumuten zu müssen. Diese Sätze werden im Übrigen unabhängig von der Bildungsschicht ausgesprochen. „Diese Menschen" hätten ja kein Leben. Sie seien eine Zumutung für die Eltern und für ihre Umwelt und eine Belastung für das System. Auch Arno Kompatscher kennt diese Aussagen, die mitunter ohne Scham in Anwesenheit der Eltern und des Kindes mit Behinderung getroffen werden.

Nicht einmal die Schamgrenze, die persönliche, und das sittliche Empfinden greifen, wenn über Menschen mit Behinderung gesprochen wird. Auch das zeigt, wie niedrig die Hemmschwelle gegenüber Menschen mit Behinderungen ist, niedriger als bei jeder anderen Menschengruppe. „Wir merken dann oft in der Frage diesen Unterton. Wo man heraushört: ‚Hättet ihr nicht besser aufpassen können? Dann wäre euch das nicht passiert.' Was kommt da zum Ausdruck?", fragt Kompatscher.

Woher kommen also Ableismus und behindertenfeindliches Denken?

Wir dürfen darüber reflektieren, wie wir als nicht behinderte Menschen über Menschen mit Behinderung sprechen und denken, und warum wir das tun. Der Gedanke vom „lebensunwerten Leben" ist noch immer gesellschaftlich verwurzelt. Kein Wunder, wenn man in die Geschichte zurückblickt, denn es liegt kaum 80 Jahre zurück, dass Menschen mit Behinderung aus der Gesellschaft entfernt, getötet, ausgemerzt wurden. Weil Menschen mit Behinderung zu wenig zugehört wird, weil sie zu wenig sichtbar sind, gibt es noch immer Berührungsängste. Die Hemmschwelle, das scheinbar „Unwerte" zu benennen, ist bei Menschen mit Behinderung niedriger. Das erzählen Betroffene.

Letzte Frage

Wie kann Inklusion umfassend gelingen?

Die unbequeme Wahrheit ist: Inklusion *ist* eine Illusion. Sie gelingt aktuell nicht nur in Südtirol nicht, sondern auch in vielen anderen Ländern. Dem gegenüber steht die Idee, dass Menschen mit Behinderung es ja „eh gut haben", man viel für sie tue. Ja, es gibt Initiativen und Vereine, die für Menschen mit Behinderung eine Stütze sind. Was Einzelne, Betroffene oder Angehörige oft ehrenamtlich tun, soll nicht geschmälert werden. Dieses Engagement wird auch nicht geschmälert, wenn Missstände aufgezeigt werden. Trotzdem ist die reflexhafte Reaktion auf das Ansprechen ebendieser Missstände: „Aber es gibt ja auch viel Gutes!" Sich auf „das Gute" zu fokussieren, löst aber keine Probleme. Es kann für eine moderne Gesellschaft nicht die Lösung sein, sich auf dem Erreichten auszuruhen.

Alles, was gesetzlich verankert ist, kann eingeklagt werden. Menschen mit Behinderung müssen die gleichen Zugänge zu Mobilität, Bildung, Arbeitsmarkt haben. Sie sollten das gleiche Recht auf Privatsphäre, Schutz vor Diskriminierung und autonome Lebensgestaltung haben. Das Assistenzmodell sollte auch in Südtirol deutlich ausgebaut und bekannt gemacht werden. Es könnte eine Pflichtquote im Landtag geben für Menschen mit Behinderung. Barrierefreiheit dürfte viel weiter gedacht werden. Medienschaffende müssen ihre

Bild- und Wortwahl überdenken. Jeder in unserer Gesellschaft darf seinen eigenen Zugang und sein eigenes Bild von Behinderung überdenken. Habe ich behinderte Freunde? Wenn ja, inkludiere ich sie? Wenn nein, warum nicht? Wie denke und spreche ich über Behinderung? Wo sind all die Behinderten? Denke ich die Bedürfnisse von Menschen mit Behinderung mit? Parke ich manchmal heimlich auf dem Behindertenparkplatz? Habe ich mir überhaupt schon einmal Gedanken über die Situation von Menschen mit Behinderung in Südtirol oder allgemein gemacht?

Und: Menschen mit Behinderung dürfen wütend sein. Denn wer wütend ist, ist laut. Und wer laut ist, der wird gehört, von Medien und von der Politik. Viele Menschen mit Behinderung möchten das nicht, oder nicht mehr. Das ist verständlich. Denn viele ihrer Probleme könnten von einer empathischen, inklusiven und aufmerksamen Gesellschaft behoben werden. Und wenn diese Gesellschaft und ihre politischen Vertreter aufmerksam wären, dann würden sie sich offen gegen die permanente Überschreitung von Grenzen und Rechten von Menschen mit Behinderung starkmachen. Sie würden dagegen protestieren, dass Rechte nicht zugestanden und Gesetze breit ausgelegt werden.

Inklusion kann nur dann gelingen, wenn wir uns als Gesellschaft verändern. Wenn wir zulassen, dass sich Systeme ändern dürfen. Sie kann nur dann gelingen, wenn wir einsehen, dass eine Gesellschaft sich auch daran messen lassen kann, wie sie mit Menschen mit Behinderung umgeht.

Danke!

Am Ende dieses Buches darf ein Dank nicht fehlen. Das ganze Projekt wäre nicht entstanden ohne Ereignisse in meinem Leben, die mich nachhaltig geprägt haben.

Mein Anspruch war von Anfang an, dieses Buch als mittlerweile ehemalige Journalistin zu schreiben: journalistisch aufzuarbeiten, was in Südtirol, aber auch in anderen Gesellschaften europaweit beim Thema Inklusion falsch läuft. Es sollte aber auch Platz haben, was gut läuft. Trotzdem hätte ich dieses Buch gar nicht geschrieben, wenn es meinen Sohn nicht gäbe. Laurenz, dir gehört der größte Dank, denn durch dein Sein und deinen Umgang mit einer nicht auf den ersten Blick sichtbaren Behinderung hast du mir viele neue Perspektiven aufgezeigt. Das System hat mich oft gezwungen, mich als Mutter eines Kindes mit Behinderung mit ebendiesem System auseinanderzusetzen. Sorgfältig auszuwählen und zu unterscheiden, wo es sich lohnt zu kämpfen, wo es sich lohnt, zu schweigen und wo es sich lohnt, in die eigene Entwicklung und Resilienz zu investieren.

Ein genauso großer Dank geht an alle Menschen mit Behinderung, die mit mir gesprochen haben, die mir ihre Geschichte erzählt haben, als Experten und Expertinnen für ihre eigene Situation, für Inklusion in unserer exklusiven Gesellschaft. Ich wünsche mir, dass Menschen mit Behinderung sichtbarer werden, dass ihre Anliegen besser gehört werden, dass sie mit lauterer Stimme sprechen können. Das geht aber nur, wenn ihnen die Plattform gegeben wird, wenn wir ihnen genau zuhören und sie sehen. Das geht nur dann, wenn Medienschaffende umdenken, Themen wie Diskriminierung, Ausschluss, aber auch viele ethische Aspekte rund um das Thema „Leben mit Behinderung" bedenken und wenn diese Themen stärker in den Fokus geraten. Das geht nur dann, wenn Politikerinnen und Politiker mitdenken und umdenken, das geht nur dann, wenn Systeme bereit sind, sich zu ändern. Und es geht auch nur dann, wenn jede:r Einzelne das eigene Verhalten und die eigenen Gedanken reflektiert. Wir sind als Gesellschaft nur so gut, wie wir mit Menschen mit Behinderung zusammenleben.

Ohne die Menschen, die mir ihre Geschichten erzählt haben, gäbe es dieses Buch nicht. Bei jedem einzelnen Gespräch mit Menschen mit Behinderung und ihren Angehörigen wurde mir die Tragweite dessen, was mir erzählt wird, bewusst. Bei jedem einzelnen Gespräch machte sich in irgendeinem Moment größte Ehrfurcht breit, vor Lebensleistungen, vor Stärke, vor Wut, die ausgesprochen und formuliert wird. Und vor allem auch machte sich subtile Angst breit, die Erwartungen, die diese Menschen in mich hatten, nicht entsprechend erfüllen zu können.

Ich danke auch von Herzen meiner Lektorin, die sich offen gezeigt hat und zu jeder Zeit bereit war, mit mir über die verschiedensten Fragestellungen zu reflektieren. Ich danke meiner Familie, meinen Eltern und meinen Brüdern, die mich jederzeit unterstützt haben: bei der Kinderbetreuung, aber auch, indem sie mir gespiegelt haben, dass das, was ich schreibe, einen Wert haben wird. Ich bedanke mich bei meinen Freunden und

Freundinnen, die viele Fragestellungen mit mir durchdiskutiert haben, die mir aufgezeigt haben, wo Triggerpunkte in der Gesellschaft sind. Jedes dieser Gespräche war wertvoll. Ich danke vielen Kollegen und Kolleginnen in meinem beruflichen Umfeld, die mich ermutigt haben, meinen Weg zu gehen. Ich danke meinem Verleger, der meine erste E-Mail nicht abgelehnt hat und bereit war, sich dem Thema Inklusion zu öffnen.

Ich danke meinem Partner, der sich zu jeder Tages- und Nachtzeit meine zum Teil verworrenen Gedankengänge angehört hat und der mich im Schreibprozess motiviert und unterstützt hat.

Dieses Buch soll dazu anregen, über die eigene Wahrnehmung nachzudenken. Über Gleichheit, über Gerechtigkeit, und warum vermeintliche Gerechtigkeit für manche Menschen trotzdem furchtbar ungerecht ist.

Weiterführende Literatur

Raúl Aguayo-Krauthausen (2023): Wer Inklusion will, findet einen Weg. Wer sie nicht will, findet Ausreden, Hamburg: Rowohlt.

Laura Gehlhaar (2016): Kann man da noch was machen? Geschichten einer Rollstuhlfahrerin, München: Heyne.

Luisa L'Audace (2022): Behindert und stolz – warum meine Identität politisch ist und Ableismus uns alle etwas angeht, Berlin: Eden Books.

Luisa L'Audace, Alina Buschmann (2023): Angry Cripples – Stimmen behinderter Menschen gegen Ableismus, Graz: Leykam.

Julian Peter Messner (2021): Ausnahmsweise ohne Titel, Bozen: Edition Raetia.

Julian Peter Messner (2024): Wörtersammeln und Stichwörteln, Bozen: Edition Raetia.

www.leidmedien.de

Sämtliche Interviews wurden im Zeitraum März–August 2024 geführt.

Verbände, Vereine, Initiativen

Dachverband für Soziales: www.dsg.bz.it
Debra – Verein der Schmetterlingskinder: www.debra.it
Kinderherz – Verein für herzkranke Kinder:
    www.kinderherz.it
Il sorriso – Vereinigung von Eltern und Freunden von
    Personen mit Down-Syndrom: www.ilsorriso.bz.it
Südtiroler Blindenverband: www.blindenverband.bz.it
Aktive Eltern von Menschen mit Behinderung (AEB):
    www.a-eb.org
Monitoringausschuss für die Rechte von Menschen mit
    Behinderung: www.gleichstellungsraetin-bz.org/
    monitoringausschuss.asp
Antidiskriminierungsstelle der Volksanwaltschaft:
    www.volksanwaltschaft-bz.org/de/
    antidiskriminierungsstelle.asp
Elternverband hörgeschädigter Kinder: www.ehk.it
Anmic Südtirol: Vereinigung der Zivilinvaliden
    www.anmic.bz
Independent L. Sozialgenossenschaft: www.independent.it

Die Autorin

Mareike Sölch, geboren 1988 in Landshut, Studium Tonmeister an der Universität für Musik und Darstellende Kunst in Wien. Von 2017 bis 2023 Musik- und Programmredakteurin bei Rai Südtirol, wo sie vertiefend zu Gesundheits- und gesellschaftsrelevanten Themen wie chronische Krankheit, Depression, Hass im Netz u. v. m. recherchierte. 2022 Staatsprüfung für Journalismus in Italien. Von 2023 bis Mai 2024 Journalistin im aktuellen Dienst von Rai Südtirol. Lebt und arbeitet seit Sommer 2024 in Linz, wo sie in ihrem Ursprungsberuf als Tonmeisterin tätig ist.